여신의 역사

여신의 역사

비너스, 미와 사랑 그리고 욕망으로 세상을 지배하다

베터니 휴즈 Bettany Hughes 지음

성소희 옮김

미래의창

프롤로그

여신이 말하고 돌아서니 장밋빛 목덜미가

환하게 드러났다네. 천상의 고운 머리카락에서

풍겨오는 신성한 향기가 공중으로 퍼지고,

드레스 자락이 물 흐르듯 내려와 두 발을 덮었네.

내딛는 걸음을 보니 틀림없이 여신이로구나.

(⋯)

여신은 떠났다네, 하늘 높이 날아 파포스로,

흡족한 마음으로 신전에 드니 아라비아의

향香이 일백 개의 제단에서 타고 있고

싱싱한 꽃을 엮은 화환에서 향긋한 내음이 풍기는구나.*

---

*   베르길리우스, 《아이네이스Aeneis》, 1권.

폼페이 고대 유적지 한가운데, 경비가 철통 같은 저장고의 철제 선반 위에서 구슬처럼 반짝거리는 검은 눈 한 쌍이 허공을 빤히 응시하고 있다. 이 눈의 주인은 약 30cm 높이의 석회암으로 만들어진 비너스(로마식으로는 베누스) 여신이다.

이 조각상은 놀랍게도 원래 모습을 온전히 간직하고 있다(조각상은 79년에 일어난 무시무시한 폼페이의 베수비오 화산 폭발도 이겨냈다. 화산 분출이 가장 격렬했을 때는 마그마가 초당 10만 톤이나 공중으로 뿜어져 나오기도 했다). 유리로 만든 두 눈이 고스란히 남아 있을 뿐만 아니라 온몸의 색깔도 잃지 않았다. 비너스의 머리카락은 황금빛이다. 분홍색으로 물든 주름진 천이 엉덩이 근처에서 흘러내리며 피부를 가볍게 감싸고 있다. 그런데 옷자락으로 미처 가리지 못한 성기가 보인다.

이것이 우리에게 잘 알려진 비너스의 모습이다. 무해하고, 매력적이고, 전형적인 예쁜 여인. 하지만 성애의 여신은 이런 첫인상보다 훨씬 더 복잡하고 다채로운 존재다. 5천 년에 걸쳐 자기 이름과 얼굴을 얻은 이 여신은 사랑과 쾌락의 화신일 뿐만 아니라 공포와 고통의 화신이며, 욕망이 빚어내는 황홀경과 극도의 고뇌를 상징하는 신이다. 비너스는 인간의 특성에서 비롯된 파란만장하고 복잡한 일들의 총체이자, 좋은 식이든 나쁜 식이든 관계를 맺고자 하는 인간의 강렬한 충동의 총체다. 비너스는 우리의 격렬한 열정을 다스리며, 사람들 간의 깊은 관계, 심지어 인간이 아닌 대상과 맺는 관계까지도 주관한다.

따라서 때때로 인간의 모습으로 변하는 사랑의 여신에게는 굉장히 복잡하고 놀랍고 감각적이며 듣는 이의 마음을 쥐락펴락하는 이야기가 있다. 나는 지난 40년 동안 여신이 남긴 향기로운 자취를 쫓아다녔다. 이 여정은 나를 중동의 고고학 발굴터와 발트해의 냉기 어린 기록 보관소로, 카스피해 바닷가와 런던 혹스턴의 나이트클럽으로 이끌었다. 그 여정에서 발견한 것들을 한 권의 책에 담았다. 이 책은 인간의 다양한 사랑을 관장하는 여신이 변신을 거듭한 역사다.

차례

브론치노, 〈비너스와 큐피드의 알레고리〉(1540~1550년, 패널에 유채) 중 일부.
이 작품은 〈비너스, 큐피드, 어리석음과 세월〉으로도 불린다.

1

여신의 탄생

인류의 욕망이 수면 위로 드러나다

보라, 그녀가 자신의 어머니인 바다에서 올라오는구나.

아프로디테, 아펠레스가 그토록 공들여 그렸던 여인이다!

바닷물에 젖은 치렁치렁한 머리칼을

쥐고 있는 모습이 어떠한가! 물을 머금은 머리칼에서

거품을 짜내는 모습이 어떠한가!

이제 아테나와 헤라가 말하리라

미를 겨루어서는 결코 이길 수 없겠구나! *

시작은 그리 아름답지 않다.

　비너스, 원래 그리스에서는 아프로디테라고 불렸던 이 여신은 태고부터 존재했다. 아프로디테는 세상이 시작하기도 전 어둠이 끝없이 펼쳐진 밤으로부터 태어났다고 한다.

---

* 　《그리스 사화집Greek Anthology》 중 《플라누데스 선집Planudean Anthology》, 16권. 기원전 2세기.

고대 그리스의 시인과 신화 작가들은 비너스의 탄생에 관해 소름 끼치는 이야기를 풀어놓았다. 대지의 여신 가이아는 남편이자 아들인 하늘의 신 우라노스와 아무런 쾌락도 없이 영원토록 성교하는 데 신물이 났다(가이아는 이 잠자리 때문에 뱃속에 자식들을 영원히 배고 있어야 했다). 결국, 가이아는 여러 자손들 가운데 크로노스를 꾀어 우라노스에게 맞서도록 했다.

크로노스는 톱니 날이 달린 단단한 낫을 치켜들고 미친 듯이 휘둘러서 아버지의 발기한 성기를 잘라버리고, 음경과 고환을 바닷속으로 집어 던졌다. 피범벅이 된 성기가 바닷물에 닿으니 거품이 부글부글 끓어오르며 소용돌이치기 시작했다. 그러자 마법 같은 일이 벌어졌다. 바다의 물거품에서 '무시무시하고도 사랑스러운 처녀', 여신 아프로디테가 솟아오른 것이다. 타는 듯이 뜨거운 피투성이 거품 덩어리는 그리스 남부의 키티라섬에서 지중해를 가로질러 사이프러스의 파포스 항구에 닿았다.

비록 이 젊은 여신은 폭력의 결과로 짜디짠 바닷물에서 태어났지만, 그녀가 척박하고 메마른 땅에 발을 내딛자 기적이 일어났다. 그녀의 발아래서 푸른 새싹이 돋아나고 꽃이 피어난 것이다. '어여쁜 욕망'을 불러일으키는 이 존재는 눈부시게 빛나고 수수께끼 같아서 눈길을 사로잡았다.

그녀는 살결 위로 옷을 걸치네

우미優美의 여신과 계절의 여신이 봄철의 꽃으로

만들고 물들인 옷, 계절의 여신이 입는 옷,

크로커스와 히아신스, 활짝 핀 바이올렛과

달콤하고 향긋하고 고운 장미,

향기로운 수선화와 백합으로

물들인 옷이라네.*

다산의 화신 아프로디테가 먼지 자욱한 땅에서 달콤한 꽃을 피워내며 나아가자 여름과 겨울을 상징하는 계절의 여신이며 시간과 정연한 질서의 정령인 두 호라이 자매가 황금 베일을 쓰고 아프로디테를 맞았다. 폭력과 고통에서 태어난 이 숭고한 힘은 인간의 사랑을 관장하는 여신이 되었을 뿐만 아니라 생명의 순환과 생명 그 자체를 상징하는 신이 되었다. 아프로디테는 밸런타인데이 카드에 그려진 유혹적 인물을 훌쩍 뛰어넘는 그 이상의 존재였다.

지금까지 고대 그리스에서 아프로디테의 탄생을 어떻게 설명했는지 살펴보았다. 이 신화는 수많은 버전으로 변형되어 지중해 전역에서 대대로 전해졌고, 또 전해졌다(아프로디테가 신들의 왕 제우스와 바다의 님프 디오네 사이에서 태어났다는 신화도 있다). 고대

---

* 《키프리아Kypria》, 단편 4, 아테나이오스Athenaeus가 전함.

〈루도비시의 대좌〉 속 아프로디테 부조, 기원전 480년경.
아프로디테가 계절의 여신인 두 호라이 자매에게
도움을 받아 바다에서 나오고 있다.
이탈리아 칼라브리아의 로크리에 있는 사원 장식으로 제작되었다.

사람들은 신비스러운 사랑과 욕망의 여신이 탄생한 과정을 마음속으로 생생히 그려볼 수 있었다. 고대인들의 머릿속에 새겨진 아프로디테의 흔적은 선명했을 것이다. 그렇다면 아프로디테의 물리적 흔적은 어떨까? 고고학은 아프로디테와 아프로디테 숭배의 역사적 시초에 관해 무엇을 보여줄 수 있을까?

우리는 보통 물적 증거를 통해 신화와는 다른 설득력 있는 무언가를 얻을 수 있을 거라고 예상한다. 하지만 아프로디테의 기원에 관한 진실은 허구인 신화만큼이나 기묘하다.

기록에 따르면, 고대 그리스인이 아프로디테라는 육감적인 금발 미녀를 상상해내기 오래전부터 사이프러스에는 생명의 기적과 성행위를 기리는 의식이 있었다. 성적 특징이 매우 강한 신성한 형상에 깃든 생명력은 〈렘바의 여인상Lady of Lemba〉으로 알려진 독특한 석회암 조각상에서 찾아볼 수 있다. 5천 년도 더 된 이 경이로운 조각상은 왕성한 생산력을 자랑하는 두툼한 넓적다리를 갖고 있다. 조각상의 외음부는 뚜렷하게 두드러져 있으며, 젖가슴과 아이를 밴 배는 곡선을 그린다. 머리와 목이 있어야 할 자리에 두 눈이 달린 남근이 있다. 〈렘바의 여인상〉에는 여성성과 남성성이 불가사의하게 결합되어 있다.

나는 영광스럽게도 이 '여인'을 유리 보관함에서 꺼내 조사해본 적이 있다. 높이가 30cm인 조각상에서 힘과 기운이 고동쳤다. 〈렘바의 여인상〉은 발굴되었을 때 더 작은 다른 조각상들

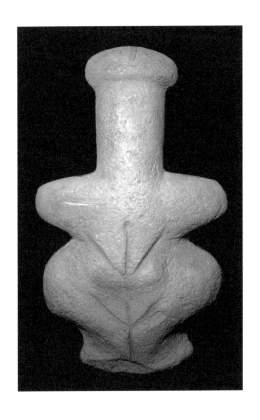

〈램바의 여인상〉, 사이프러스, 기원전 3000년경.
남근 형상의 목과 외음부가 보인다. 1976년 램바의 유적지에서 출토.

에 둘러싸인 채 등을 바닥에 대고 누워 있었다고 한다. 이 여인은 우리가 아는 사랑의 여신의 먼 조상, 그것도 아주 흥미로운 조상이다. 그런데 렘바의 여인이 유일한 조상은 아니다.

더 먼 과거, 적어도 6천 년을 거슬러 올라가는 과거를 깊이 살펴보자. 고고학자들은 사이프러스 서부의 고원과 구릉 지대에 흩어져 있는 자그마한 임신부 석상들을 찾아냈다. 이 조각상들도 남근처럼 생긴 얼굴과 목이 있으며, 여성 성기의 형상이 뚜렷하게 나타나 있다. 웅크리고 있는 이 사랑스러운 조각상은 촉감이 매끄럽고, 비현실적인 느낌을 주는 연한 초록색을 띤다. 이런 소형 조각상은 주변 지역에서 엄청나게 많이 만들어졌다. 조각상 머리에 구멍이 뚫린 경우가 많은 것으로 보아, 틀림없이 당시 사람들은 조각상을 부적으로 차고 다녔을 것이다. 나는 사이프러스의 수도 니코시아에 있는 오래된 사이프러스 박물관에서 여성성과 남성성이 혼재된 경이로운 조각상들을 처음 보았다. 박물관 내부에 위치한 신비로운 분위기의 뒤편 저장고에는 에드워드 시대 목재 보관함이 있었는데, 그 안에 조각상들이 가지런히 보관되어 있었다.

이 조각상들은 선사시대와 놀라울 정도로 강하게 연결되어 있다. 사문석의 일종인 부드러운 피크롤리트picrolite로 만들어진 조각상은 대부분 자기 모습을 작게 본뜬 부적을 목에 걸치고 있다. 여성과 남성이 뒤섞인 이 불가사의한 부적 조각은 사이프

사이프러스 렘바에서 출토된 피크롤리트 조각상, 기원전 4000년경.

러스에서 남녀 분업이 동등하게 이루어지기 시작한 동기시대(석기시대와 청동기시대 사이)부터 만들어졌다. 그중 대다수는 주거 공간이나 선사시대의 출산 시설로 추정되는 곳 근처에서 발견되었다(조각상이 목에 걸치고 있는 조그마한 인물 형상은 아직 태어나지 않은 아이를 상징할 것이다). 최근 렘바의 유적지들 중 한 곳에는 돌과 진흙으로 지은 이런 단순한 오두막 몇 채가 복원되었다. 올리브나무가 그림자를 드리우는 선사시대의 분만실은 해마다 휴가를 맞아 바다와 모래사장을 즐기러 온 관광객들이 잠시 흥미롭게 둘러보는 관광지가 되었다.

다산을 상징하며 강렬한 성적 특징을 지니는 인물상은 사이프러스 사회·종교 의례의 중심이었다. 유적지에서는 외설적인 조각상과 함께 조개껍데기와 소라고둥 껍데기도 발견되었는데, 이것 역시 지금으로서는 상상만 해볼 따름인 여러 의식에 사용되었을 것이다. 고대 지역공동체에서 사제의 역할을 했던 산파들은 이 강력한 상징물들을 몸에 걸치고 출산을 도왔을 것이다. 또한 가정과 성스러운 사원을 보호하는 데에도 이 같은 물건들이 사용되었으리라 추정할 수 있다. 기원전 405년, 극작가 에우리피데스는 이 지방을 '아프로디테의 섬'이라고 일컫기도 했다. 하지만 사이프러스에서 이 인물상이 만들어지던 시기에 누구나 인식할 수 있을 만큼 본격적으로 성애의 여신을 숭배했다는 증거는 아직 없다.

그렇다면 아프로디테는 사이프러스에 어떻게 도착한 걸까? 아프로디테나 비너스, 또는 키프로스(사이프러스의 그리스식 발음)의 여신이라는 의미의 '키프리스Kypris'까지 다양한 이름으로 불렸던 신은 고대 문화에서 어떻게 만들어지고 탄생했을까?

어쨌거나 신화에서 한 가지는 옳았다. 아프로디테는 정말 바닷길로 이동했다.

2

성애와 전쟁의 여신

사랑과 파괴의 욕망을 관장하는 무시무시한 힘

불타는 영토를 지배하는 여신

공포의 갑옷을 입고

화염처럼 붉은 힘을 타고 (…)

홍수와 폭풍과 태풍으로 온몸을 감싼 (…)

전쟁을 계획하는 자

적을 파괴하는 자 (…)

이난나*Inanna* 가 외친다:

너의 목을 비틀고

너의 두꺼운 뿔을 움켜쥐고

너를 먼지 속으로 집어 던지고

증오하는 마음을 담아 너를 짓밟고

무릎으로 너의 목을 짓뭉개리라 (…)

전쟁은 그녀의 놀이라

싸우는 데 결코 질리지 않네 (…)

회오리처럼 몰아치는 전사

소용돌이치는 폭풍처럼 달려드네 (…)

야생 황소 같은 여왕

억센 힘의 여주인

대담하고 강인하네 (…)*

아프로디테-비너스는 복잡한 존재다. 사실 아프로디테는 탄생을 두 번 거듭했다. 한 번은 사이프러스의 바닷가에서 다산과 생식을 상징하는 고대 신으로, 다른 한 번은 사이프러스보다 더 동쪽에서 흉포한 전쟁의 여신으로 태어났다. 이 전쟁의 여신은 메소포타미아부터 아나톨리아에 이르는 지역과 레반트 전역에서 처음으로 분명하게 모습을 드러냈다. 오늘날의 이라크와 시리아, 요르단, 레바논, 이스라엘, 팔레스타인, 터키, 이집트에 걸친 지역에서는 적어도 기원전 3000년 전부터 여성과 남성이 서로를 지켜보면서 인간 행동 속에 얽힌 격정과 욕망의 본성을 설명하려고 성과 폭력의 신을 만들어냈다.

---

*　엔헤두안나Enheduanna, 《이난나와 에비Inanna and Ebih》, 기원전 2350년. 엔헤두안나는 역사상 최초로 이름이 알려진 여성 시인이다. 이 기도 시는 아프로디테의 조상인 이난나 여신이 보여주는 전사 같은 모습을 노래한다.

유골 증거를 보면 이 시기가 잦은 대립과 격동의 시기이자 걷잡을 수 없는 열정의 시대라는 사실을 알 수 있다. 터키 아나톨리아 지방의 이키즈테페Ikiztepe에서는 청동기 초기 유적지가 발굴되었는데, 그중 한 집단 매장지에서 식별 가능한 유골 445구가 나왔다. 청년의 유골이나 노인의 유골이나 모두 머리에 심각한 상처가 있었고, 남성 유골의 43％에는 폭력으로 생긴 외상의 흔적이 있었다. 이 시기에 여성은 대체로 12세가 되면 아이를 낳았고, 24세가 되면 손자를 보았으며, 30세에 죽음을 맞았다. 남성은 도끼에 갈비뼈와 넓적다리가 베이고, 화살에 두개골이 뚫리고, 투창에 등이 찔렸다. 당시 남성들은 전투에서 다친 후에도 상처를 대충 치료하고 다시 전쟁터로 나간 것으로 보인다. 때로는 여성들도 함께 전장으로 나갔다.

이러한 모습을 볼 때 강렬한 욕망과 충동은 사랑을 향한 욕망이든 전쟁을 향한 충동이든 결국 그 기원이 같다는 생각이 든다. 그 시대 사람들은 신과 반인반신, 정령들이 어디에나 있고 어디든 깃들어 있다고 믿었기에 격렬한 욕정으로 들끓는 정력적인 신들이 모든 혼란과 불안정을 일으켰다고 생각했다. 그들은 뜨거운 욕망에도 신성한 실체를 부여했다.

사회가 갈수록 군사화되고 서서히 남성이 공동체의 요직을 차지하면서, 직관적이지는 않지만 매혹적이었던 여성성과 남성성이 혼재된 신은 자취를 감추었다. 욕망을 상징하는 사나운 신에게는 이제 여성성만 남았다. 때 이른 죽음을 맞이할 가능성이 매우 컸던 시대, 원래 '생명의 순환'을 상징했던 여신들은 죽을 운명을 예고하는 존재가 되었다. 이처럼 전쟁과 열정의 난폭함이 여성의 모습으로 표현되자 중동 전역에는 전쟁과 성욕을 관장하는 혈기 왕성하고 음탕한 여신들이 나타나기 시작했다. 이들은 수메르에서는 이난나라는 이름으로, 아카드와 바빌로니아에서는 이슈타르Ishtar로, 페니키아에서는 아스타르테Astarte라는 이름으로 불렸다.

이런 여신들은 갓 세워진 도시에서 특히나 열렬히 숭배받았다. 이난나를 모시는 지성소는 바빌로니아의 수도 바빌론에만 180군데 넘게 있었다. 《길가메시 서사시》를 보면, 사람들로 북적거리는 도심 속 이슈타르 사원은 경배의 장소일 뿐만 아니라 상품이 거래되고 사상과 지식이 오가는 곳이었다. 고대 이집트의 파라오 아멘호테프 3세는 병에 걸리자 아시리아의 수도 니네베(오늘날의 이라크 모술)에 있는 이난나 사원에서 여신상을 꺼내 룩소르의 나일강 강둑으로 가져와달라고 요청했다. 파라오는 흉포한 여신의 힘으로 목숨을 구할 수 있으리라고 기대한 것이다.

활기를 주체하지 못하는 젊은 여자로 자주 묘사되는 이난나와 이슈타르, 아스타르테는 원래 금성, 즉 오늘날 우리가 비너스라고 부르는 행성과 연관된 천상의 존재였다. 별 가운데 가장 밝게 빛나는 별인 금성은 하늘에서 일관된 경로로 이동하지 않는다(한때 금성은 새벽에 뜨는 샛별과 저녁에 뜨는 개밥바라기라는 서로 다른 두 별로 인식되기도 했다). 그래서 고대 사람들은 금성이 여신의 변덕스러운 본성을 나타낸다고 생각했다. 아울러 금성이 이동하듯, 여신도 전쟁하고 정복하기 위해 길을 떠나야 하며, 여신의 힘이 금성 그 자체에 깃들어 있다고 여겼다. 기원전 680년 신아시리아 제국의 왕 에사르하돈은 조약을 위반한 자들을 왕궁으로 불러들여서 우레 같은 소리로 고함쳤다. "별 가운데 가장 밝은 별인 금성이 네놈들의 아내가 적의 품에 누워 있는 것을 눈앞에서 보게 하시길……."

바빌론에서는 왕궁의 동쪽에 거대한 성문을 지어 이슈타르에게 바쳤는데, 그 문에는 '모두를 정복한 여신'이라는 글귀가 선명하게 새겨져 있었다. 찬란하게 빛나는 흰옷을 입은 이난나는 절대적 힘을 지닌 변덕스러운 십 대 소녀였다(전쟁의 여신인 탓에 가끔 턱수염이 달린 모습으로도 표현된다). 이난나는 누구와도 결혼하지 않았지만, 늘 뭇 남성의 마음을 찢어놓았다. 한편 아프로디테와 유전적으로 가장 가깝다고 내세울 수 있는 여신은 바로 페니키아의 아스타르테다. 아스타르테는 위풍당당한 선박의 뱃머리에 주로 그려졌다.

요르단 남부에 있는 붉은 사막 와디 럼에서 북부에 있는 검은 현무암 사막으로 이동하다가 더 북쪽으로 올라가서 레바논의 비옥한 베카 계곡 경사지를 통과하다 보면, 아직 사라지지 않은 아스타르테의 흔적을 발견할 수 있다. 아프로디테-비너스의 먼 조상인 아스타르테는 뿔이 달린 모습으로 나타났다. 그녀는 메소포타미아에서 숭배받던 자매 이난나(2장의 앞머리에 실린 찬가의 주인공)와 마찬가지로 생명을 탄생시키는 성애의 힘부터 전쟁과 죽음, 파괴까지 주관했다. 아스타르테는 페니키아 전 지역에서, 특히 티레와 시돈, 비블로스 같은 레바논 지중해 연안 도시에서 열렬한 숭배를 받았다. 청동기와 철기시대에 지어진 아스타르테 사원 자리에는 훗날 고대 아프로디테 신전이 들어섰다.

시리아 남서부의 다라 근처, 요르단의 북쪽 국경에도 아스타르테를 모셨던 도시가 있다. 이 도시는 《창세기》와 《여호수아》에서 '아스다롯Ashtaroth'이라는 이름으로 등장한다. 내가 이곳을 마지막으로 방문했을 때, 시리아의 알아사드 정권이 이 지역에 대대적인 공습 작전을 펼치고 있었다. 하늘에는 아파치 공격헬리콥터가 가득했고, 쏟아지는 폭탄에 동서양의 공동 유산이 파괴되었다. 시리아 남부 부스라의 유적지에서는 정교한 고대로마 극장이 박격포 포격에 훼손당했다. 부스라 박물관에 있던 아프로디테 여신상 조각도 많이 사라져버렸다. 행방불명된 여신상 중에는 그리스 파로스섬의 하얀 대리석으로 만들어진 조각상도 있었다.

공습으로 집을 잃은 시리아인들이 국경으로 몰려들었고, 절망에 빠진 채 보호소에 수용되기만을 기다리는 난민들이 줄

〈뿔이 달린 아스타르테Horned Astarte〉(왼쪽)

기원전 3세기경 설화 석고로 제작. 바빌론 근처 힐라의 네크로폴리스에서 출토.

〈관능적인 이슈타르Voluptuous Ishtar〉(오른쪽)

기원전 1130년경 테라코타로 제작. 이란 수사의 엘람 제국 유적지에서 출토.

〈버니의 부조Burney relief〉 혹은 '밤의 여왕', 기원전 18세기경.
이 여신은 끝이 점점 뾰족해지는 날개와 갈고리발톱을 가지고 있으며,
뿔 장식물을 쓰고 정교한 보석을 걸치고 있다.
내화 점토와 붉은 황토 안료로 제작, 바빌로니아 출토.

을 이었다. 전투가 꼭 코앞에서 벌어지는 것 같았다. 나는 이 혼란스러운 사태를 몸소 겪고 나자 아프로디테의 조상이었던 여신들이 지닌 무시무시한 힘을 제대로 이해할 수 있었다. 확실히 이 여신들은 마음을 달래주는 편안한 존재가 아니었다. 통제와 피, 공포, 지배, 황홀감, 정의, 아드레날린, 희열을 향한 열망은 전쟁을 일으키거나 성행위로 이어지기도 하며, 세상을 뒤흔들고 바꿀 수 있다. 호메로스 시대부터 줄곧 작가들은 군사 침공을 가리키는 말과 성기 삽입을 표현하는 말을 하나로 생각해왔다. 호메로스 시대 그리스에서 '미그뉘미^{μίγνυμι}'는 군사 침략과 성기 삽입이라는 두 가지 의미를 다 가지고 있었다. 고대 세계에서 에로스(사랑과 열정, 욕망)는 에리스(분쟁, 불화)와 떼려야 뗄 수 없는 사이였다.

격렬한 열정의 여신들을 향한 숭배가 고대 사회에 널리 퍼져 있었던 것으로 보아 고대인들은 욕망이 문제를 일으킬 수도 있음을 이미 알아차렸던 것 같다. 아프로디테의 조상들은 이러한 깨달음의 화신이었다. 고대 문명의 여러 이야기들을 보면 아프로디테의 조상들은 아주 아름다운 존재였지만, 빛과 어둠을 함께 지닌 살벌하고 끔찍한 신이었다. 아프로디테와 비너스는 공포를 주는 여신들의 후손인 것이다.

이난나와 이슈타르, 아스타르테는 활발하게 움직이고 이동하는 여신이었다. 우리는 동양에서 태어난 사랑과 증오의 여신들이 길을 떠나 서양으로 넘어간 여정을 추적해볼 수 있다. 여신들은 그 여정을 거치면서 모습이 변했고, 마침내 아프로디테라는 이름을 얻었다. 이 분열과 결합의 과정을 살펴보려면, 파란만장한 드라마가 있는 레반트 지역과 중동의 사막을 떠나 이제 전설로 가득한 섬, 사이프러스에 남겨진 아프로디테의 흔적을 따라가야 한다.

사이프러스의 남동부 해안가, 라르나카 국제공항 근처로 가보자. 지나가는 비행기와 겨울철 바닷가 염습지에 모여 있는 플라밍고 무리에 시선을 빼앗기지만 않는다면(플라밍고는 지난 5천 년간 해마다 사이프러스의 물가를 찾았다), 할라 술탄 테케의 고대 대도시 발굴터에서 작업하는 고고학자들을 발견할 수 있을 것이다. 지금까지 발견된 청동기 도시 가운데 가장 규모가 큰 이 도시는 약 50만㎡ 넓이까지 확장되었는데, 이는 축구 경기장 50개를 합친 것보다 더 큰 면적이다.

　　오랜 세월 동안 바람에 닳아버린 할라 술탄 테케는 그 존재 자체로 아시아와 유럽, 아프리카의 가장자리에 위치한 이 섬에서 정착민과 무역상들이 활발하게 교류했다는 놀라운 사실을 보여준다. 동양에서 온 이주민들은 황소 도축 및 숭배 같은 새롭고 낯선 의례와 관습을 들여왔다. 이들의 문화는 풍요의 신을 섬기는 사이프러스의 토착 종교와 뒤섞여갔다.

이곳의 회갈색 진흙에서는 도시 유적과 거주민 유골 그리고 고대 이집트와 그리스 서부에서 건너온 값진 고고학 유물이 매 계절마다 출토된다. 그중에는 아스타르테-이슈타르 여신이 새겨진 반짝이는 황금 마름모꼴 장식도 있다. 아프로디테의 호전적인 증조할머니는 분명히 유럽을 향해 이동하고 있었다. 하지만 알다시피 아스타르테-이슈타르가 도착한 곳은 임자 없는 빈 땅이 아니었다.

남근 형상의 머리가 달린 기묘하지만 이상하게도 아름다운 인물상이 만들어지던 시대가 저물고, 사이프러스에서는 토착 사제이자 여왕 중의 여왕인 여신을 새로이 경배하기 시작했다(여왕을 고대 그리스어로는 '아나사ἄνασσα'라고 한다). 새로운 여신은 우주를 지배하는 자연의 힘이자, 향수를 무척 좋아했던 육감적 여왕인 듯하다. 최근 사이프러스에서는 기원전 2000년경에 존재했던 향수 작업장이 발굴되어, 아프로디테의 섬에서 윤기 흐르는 향유로 자연의 여신을 숭배했다는 문헌 내용에 힘을 실어주었다.

향수는 사이프러스에서 엄청나게 인기 있는 수출품이었다. 사이프러스는 독특한 동식물이 서식하는 아열대 환경과 아시아와 유럽, 아프리카에서 원료를 들여오기 좋은 입지 조건을 갖추었기 때문이다. 사실 사이프러스의 여신 아프로디테 자체가 향기로운 존재였다. 호메로스는《오디세이아》에서 우미의 여신이 아프로디테를 씻겨주었다고 노래했다. 아프로디테는 사이프러스의 파포스에서 향기를 풍기는 욕조에 몸을 담그고 목욕했다.

> 그러자 아프로디테, 웃음과 미소를 사랑하는 여신은
> 키프로스의 파포스에(닿았으니), 여신이 다스리는 그곳에는
> 향을 피워놓은 제단이 있다네. 그곳에서 우미의 여신이
> 아프로디테를 씻기고 향긋한 기름을 발라주었네.
> 영생하는 신들의 살갗에서 반짝거리는 기름과 같았다네.
> 우미의 여신이 아프로디테에게 아름다운 옷을 걸쳐주었네.
> 얼마나 경이로운 모습인가.*

동양의 여신이자 여왕인 아스타르테-이슈타르는 사이프러스에 본래 존재했던 자연과 다산의 여신을 닮아갔으며, 그 반대도 마찬가지였다. 아프로디테는 점차 형태를 바꾸어갔다. 빠르게 발전하는 세상을 이해하고 그 속에서 자신의 위치를 알고 싶어 했던 사람들 덕분에, 그들이 섬기던 신들은 서로 뒤섞여 또 다른 모양의 '신성한 사생아'를 낳았다.

---

* 《오디세이아》, 8권.

새의 얼굴을 한 쿠로트로포스kourotrophos 여신상.
쿠로트로포스(아이를 양육하는 고대 그리스 신) 조각상은 주로 품에
어린아이를 안고 있다. 기원전 1450~기원전 1200년에 테라코타로 제작.
사이프러스 니코시아의 아이야 파라스케비에서 출토.

이 혼합된 형태의 여신은 여러모로 관능적인 신이었다. 사이프러스에서 발굴한 많은 여신상들은 이때부터 기이한 외형을 띠었다. 머리는 새와 같고 두 귀에는 구멍이 두 개씩 뚫려 있으며, 품에 아기를 안고 있다. 또 대체로 황금 목걸이와 길게 늘어지는 고리 모양 귀걸이로 호화롭게 치장하고 있다. 이 여신은 불멸의 신들이 사는 세상과 필멸의 인간이 사는 세상, 즉 자연 세계와 초자연 세계 양쪽에 한 발씩 딛고 서 있는 것 같다. 섬 전역에서 발견되는 이 숭고한 존재들은 현지인에게나 방문객에게나 이곳이 가능성으로 충만한 땅이자, 여러 대륙의 문화가 뒤섞인 문명의 도가니였음을 일깨워준다. 사이프러스는 인간과 신 모두 소유권을 주장할 만큼 훌륭한 영토였다.

이때 사이프러스에서는 풍요로운 천연자원, 특히 유례없이 풍부한 구리층 덕분에 문화가 활발하게 발전하고 있었다. 지금도 이 섬에서 차를 타고 돌아다니다 보면 선사시대 광산의 갱도 근처에서 구리를 채굴해낸 흔적을 찾아볼 수 있다. 그런데 많은 핵심적인 구리 생산지 주변에서 여신을 모시는 사원이 발견되었다. 구리는 청동기 필수품을 만드는 데 없어서는 안 될 재료이므로 매우 중요했다. 기원전 1350년경 한 개인이 쓴 놀라운 편지 '아마르나 문서'를 잠시 살펴보자. 상 이집트Upper Egypt의 비옥하고 번화한 나일강 강둑에서 발견된 이 편지는 중동의 공용어였던 아카드어로 적혀 있는데, 여기에 사이프러스에서 구리를 수입했다는 내용이 나온다. 구리를 주석과 합금하면 청동기 세계를 대표하고 상징하는 청동이 된다. 청동으로는 가벼우면서도 치명적인 무기를 만들 수 있다. 그 시대에는 모든 집단에서 청동 무기를 갈망했기에 새로운 기술을 활용해 청동 무기를 생산하고 거래하는 집단은 부유한 전사와 영웅이 되었다. 아프로디테의 섬, 키프로스는 '구리의 섬'이었으며, 구리는 인간 사회가 빠르게 변화할 수 있는 연료가 되어주었다. 사람들은 이런 천연자원을 통제하는 초자연적 신령이 인간의 모습을 한 너그러운 신이라고 생각했다.

당대 사이프러스에서는 경이로운 장신구도 생산되었다. 섬세한 청동 브로치, 황금 왕관, 큼지막한 홍옥수 구슬이 달린 반짝거리는 목걸이 등 온갖 사치품과 생필품이 쏟아져 나오면서 새로운 물질주의 바람이 불기 시작했다. 출토물 가운데는 석류 모양으로 만든 순금 펜던트도 있다. 펜던트의 표면에는 조그마한 구슬이 삼각형 모양으로 정교하게 배치되어 있다. 이 섬세하고 아름다운 장신구는 보는 이의 마음을 잡아끄는 조화로움을 자랑하면서 동시에 놀랍도록 현대적인 느낌을 풍긴다.

청동기시대 사람들은 청동과 황금을 만드는 연금술로 인한 연기와 재, 쉭쉭거리는 소리, 열기 속에서 아프로디테의 신성을 기렸다. 고대부터 불과 야금술은 항상 아프로디테 숭배에서 중심이 되는 요소였는데, 이는 틀림없이 아프로디테의 선사시대

화신인 전쟁의 여신들을 떠올리게 했을 것이다. 어쩌면 바로 이 때문에 그리스신화에서 아프로디테가 굳은살이 박인 손으로 망치와 모루를 쥔 대장장이 신 헤파이스토스와 결혼했으리라. 아프로디테는 많은 측면에서 구리, 청동과 관련이 있다.

아프로디테와 그 조상들은 단순히 난잡한 성애와 전쟁의 수호자만은 아니었다. 이들은 열렬하고 과격한 문화 풍토, 잔혹하지만 그만큼 찬란하고 요동치는 세상을 움직이는 가장 신성하고 핵심적인 존재였다. 이 여신은 문명의 동반자였고, 좋든 나쁘든 인간 사회가 품은 야망의 총체였다. 아프로디테는 다면적이고, 휘황찬란하고, 지독하리만큼 섬뜩한 힘이었다. 이난나에게 바치는 청동기 초기의 시이자 기도문을 읽어보자.

아버지께서 나에게 제사장직을 주셨네
(이후 이난나가 무엇을 받았는지 알려주는 구절이 이어진다)
그가 나에게 신성을 주셨네(…) 안내자의 임무를 주셨네(…) 지하 세계로 내려가게 하셨네(…) 지하 세계에서 올라오게 하셨네(…) 단도와 장검을 주셨네(…) 검은 옷을 주셨네(…) 색색의 화려한 옷을 주셨네(…) 풀어 내린 머리카락을 주셨네(…) 묶어 올린 머리카락을 주셨네(…) 깃발을 주셨네(…) 화살통을 주셨네(…) 성교와 애무의 기술을 주셨네(…) 남근의 키스를 주셨네(…) 매춘의 기술을 주셨네(…) 거침없이 연설하는 기술을 주셨네(…) 악의에 차서 비방하는 기술을 주셨네(…) 세련되게 연설하는 기술을 주셨네(…) 숭배받는 매춘부를 주셨네(…) 신성한 여인숙을 주셨네(…) 천상의 성스러운 여사제를 주셨네(…) 노래하는 기술을 주셨네(…)

영웅의 기술을 주셨네(…) 힘의 기술을 주셨네(…) 배반하는 기술을 주셨네(…) 솔직해지는 기술을 주셨네(…) 도시를 약탈하게 해주셨네(…) 비탄을 자아내게 해주셨네(…) 진심 어린 환희를 주셨네(…) 기만을 주셨네(…) 반란자의 땅을 주셨네(…) 친절의 기술을 주셨네(…) 여행을 주셨네(…) 안전한 거처를 주셨네(…) 가축우리를 주셨네(…) 양을 치는 우리를 주셨네(…) 공포를 주셨네(…) 충격을 주셨네(…) 경악을 주셨네(…) 이빨이 날카로운 사자를 주셨네(…) 불꽃을 일으킬 불쏘시개를 주셨네(…) 불을 끄게 하셨네(…) 함께 모인 가족을 주셨네(…) 아이를 낳게 하셨네(…) 분쟁을 일으키게 하셨네(…) 조언하는 능력을 주셨네(…) 마음을 달랠 힘을 주셨네(…)*

고대 세계에 거듭 나타났던 아프로디테의 가장 먼 조상들은 그야말로 문화를 발전시키는 버팀목이자 그 과정에서 벌어지는 대소동의 수호자였다. '아프로디테 원리'는 어디에서나 찾아볼

* 이난나에게 바치는 기도 시, 기원전 2500년경.

수 있다. 이는 인간이 관계를 맺고 인생을 경험으로 가득 채우게 하는 열정의 원리이며, 때로는 아드레날린이 솟구치는 짜릿한 삶을 살다가 잠시 긴장을 풀고 최대한 휴식을 즐기게 하는 열정의 원리였다. 의욕 넘치는 인간들의 마음속에서 태어난 여신은 욕망과 그 욕망의 충족을 후원하는 존재가 되었다. 그리고 얼마 지나지 않아 극도의 쾌락을 추구하는 이들의 수호자까지 될 터였다.

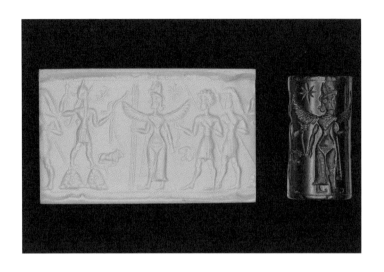

바빌로니아의 원통 인장. 기원전 1800~기원전 1600년경. 크기 약 3cm.
이 인장이 만들어진 시기, 이난나는 '샛별과 저녁별의 여신'으로 불렸다.

3

파티 퀸

생기 넘치고 관능적인 아프로디테 숭배의 현장

천상의 아프로디테, 파포스의 여왕,

짙은 속눈썹을 뽐내는 사랑스러운 자태의 여신.*

사이프러스에서 나타난 초기 아프로디테는 욕구 충족을 향한 인간의 욕망을 그대로 보여주는 존재였다. 이 여신은 무모하고 격렬한 시대일수록 눈에 잘 띈다. 기원전 1150년경, 아름다웠던 청동기 문명이 무너지기 시작했다. 동방 히타이트 제국의 트로이부터 서방 미케네 문명의 후기 정착지였던 미케네와 티린스, 테베까지 찬란했던 도시들이 하나씩 무너졌다. 지금까지도 이렇게 급격한 변화의 원인이 무엇이었는지는 논쟁거리로 남아 있다. 레반트 지역의 '해양 민족'이 삼나무 배를 타고 침입해왔다는 가설이 가장 오랫동안 유력했으나, 최근 갈릴리해 밑바닥을 분석한 결과, 기원전 1300년부터 기원전 1150년까지 엄청나게

---

* 《오르페우스 찬가Orphic Hymn》, 56편, 지하의 헤르메스에게 바치는 찬가.

파괴적인 가뭄이 있었다고 한다. 이러한 기후 대재앙과 빠르게 발전하는 해양 기술 때문에 그 시대에는 해적질에 뛰어난 집단이 우위를 차지했던 것으로 보인다. 미케네 문명이 붕괴하자 크레타섬과 유럽 본토의 이주민은 에게해를 건너 동쪽과 북쪽으로 조금씩 나아갔는데, 그들이 숭배했던 여신도 이때 함께 이동했다. 훗날 호메로스가 '사랑의 비밀을 그녀의 허리띠 아래에 감추었다'라고 일컬었던 것이 바로 이 여신을 말한다.

이제 우리가 아는 그 '아프로디테'가 탄생할 때다. 이 시기 사이프러스에서 만들어진 인물상과 신전에는 눈에 띄는 변화가 생겼다. 사람들이 섬겼던 세 여신이 하나로 혼합된 것이다. 하나는 사이프러스의 자연신, 다른 하나는 성애와 전쟁을 주관하는 동양의 여신, 마지막은 다산과 인간관계를 상징하는 그리스 여신(이 여신도 동양과 교류하면서 영향을 받았다)이다.

사이프러스는 고대 그리스 여행자들을 불러들인 최초의, 그리고 가장 주요한 항구 가운데 하나였다. 동양과 서양의 문화가 사이프러스 남부에서 부딪히자 이곳에서 주목할 만한 신성한 도시인 '팔레오 파포스'가 일어났다. '고대 파포스'라는 뜻의 팔레오 파포스는 지중해 동부를 굽어보는 곳에 위치해 있다. 오늘날에는 몇 킬로미터 떨어져 있는 파포스 공군기지의 군용기 때문에 이곳의 평온함이 깨져버렸지만 당대 팔레오 파포스는 세계에서 가장 신성한 아프로디테 성소였다.

수천 년 동안 사람들은 지중해 바람을 온몸으로 맞는 이 활력이 가득한 성지를 '세상의 중심'인 델포이만큼이나 중요하게 여겼다. 호메로스는 처음으로 문학 작품에서 파포스의 '향냄새 풍기고 연기가 피어오르는 제단'을 묘사했다. 다른 신을 모시는 제단과 달리 아프로디테의 제단은 희생 제물의 피로 더럽혀지지 않았다. 사랑의 여신은 호전적인 조상을 두었지만, 피비린내 나는 취향을 잃은 듯하다. 그러나 타오르는 향과 향유에서 동양적인 기쁨을 맛보는 일은 여전히 좋아했다. 근대 초기까지도 아프로디테를 본뜬 향수병이 만들어졌는데, 이는 아프로디테가 여러 감각을 자극하는 능력이 있다는 사실을 상기시켜준다.

팔레오 파포스는 흥분으로 들끓는 도시였다. 비록 르네상스 후기부터 이곳의 호화로운 유물은 끊임없이 약탈당했지만, 지금도 발굴 작업이 진행되고 있다. 파포스가 얼마나 놀라운 도시였는지를 여실히 보여주는 단면이다. 걸어서 도시의 유적을 종횡으로 돌아보려면 족히 몇 시간은 걸린다. 전성기의 팔레오 파포스는 다채로운 색과 소리로 가득했을 것이다. 세계 각지에서 몰려온 사람들로 붐비고 아드레날린이 넘쳐흐르는 활기찬 도시였으리라. 사이프러스에서 출토된 점토 모형 가운데는 청동기 종교의식의 한 장면을 보여주는 것도 있다. 모형 속 사람들은 의자에 앉아서 제의에 몰두하고 있다. 그런데 어떤 사람은 사원으로 들어가지 못하고 밖에서 창문으로 애타게 안을 들여다보고 있다. 그는 신성한 행사에 참석하는 것을 허락받지 못한 가난한 사람일지도 모른다. 사이프러스의 주민들은 종교 의례에 참석할 수 있는 공동체의 일원이거나, 사회에서 버림받은 추방자이거나 둘 중 하나였다.

《호메로스 찬가Homeric Hymn》 중 아프로디테 찬가에는 파포스 성소를 보호하는 황금 대문에 관한 내용이 나온다. 파포스 성소에는 장미가 만발한 화원과 달콤한 향기를 풍기는 도금양 덤불, 수련이 떠 있는 연못도 있었다. 아프로디테를 기리는 의식에서는 장미와 바이올렛, 백합, 양귀비, 연꽃을 엮어 만든 화환을 사용했다. 이와 함께 사과와 마르멜로, 석류(생명과 죽음을 상징하는 피, 성과 관련된 과일)도 여신에게 바쳤다.

이곳에서 출토된 어느 항아리의 겉면에는 여신의 모습(아프로디테를 모시던 여사제일지도 모른다. 확실하게 밝혀지지 않았다)을 담은 경이로운 그림이 있다. 항아리 표면 위의 여신은 느긋하게 누운 채 술잔의 빨대로 아편이 섞여 있는 술을 마시려 하고 있다. 또 다른 지역에 있는 아프로디테 사원에서도 아편을 피우는 인물이 그려진 항아리가 발견되었다. 무희들과 생명의 나무에 둘러싸인 숭고한 인물은 검은 실크 스타킹을 신고 있는 것처럼 보인다. 생기 넘치고, 강렬하고, 관능적인 장면이다. 아편을 피우는 중심인물 곁에서 낙타의 몸에 여자 머리를 한 스핑크스가 자연의 최음제인 수련 꽃향기를 들이마시고 있다.

나도 나일강에서 막 꺾어 온 푸른 수련에 코를 깊이 파묻고 냄새를 맡아본 적이 있다. 옅은 푸른색 꽃 한가운데에는 햇빛처럼 금색으로 반짝이는 수술이 달려 있었다. 고대 사람들은 수련에 사람을 황홀하게 도취시키는 힘이 있다고 믿어 이를 신성하게 여겼다. 그들은 푸른 수련을 와인에 더해서 즐기거나 향기를 들이마셨고, 꽃으로 향유를 만들어 사원에서 태우기도 했다. 최근 연구에 따르면, 푸른 수련에는 정말로 가벼운 최음 효과와 환각 효과가 있다고 한다. 수련은 행복감을 안겨주는 자연의 선물이다.

　우리는 급격히 세력을 뻗어가며 큰 인기를 얻은 아프로디테 숭배의 현장을 마음속으로 그려볼 수 있다. 아프로디테를 추앙했던 수많은 이들이 니코시아에 있는 사이프러스 박물관에 영원히 살아 있기 때문이다. 이 시기에 만들어진 자그마한 점토 인물상은 감탄이 절로 나올 만큼 놀랍다. 일부는 겉면에 발라둔 물감의 흔적을 아직도 간직하고 있다. 이들은 빵 덩어리와 케이크, 화환을 가득 담은 납작한 바구니를 들고 있다. 당시 사람들은 파포스의 여신에게 꿀과 연고, 향유, 나뭇잎, 과일을 바쳤다. 유물 중에는 두 팔을 위로 쭉 뻗고 있는 여인 모양의 케이크 틀도 있다. 이는 전형적인 기도와 찬양의 자세이자 영적 세계와의 연결을 보여주는 자세다. 탬버린과 프레임 드럼, 핸드 드럼, 심벌즈, 리라로 빚어낸 음악 또한 아프로디테를 기리는 의식에 활기를 불어넣었다. 기원전 1000년부터 기원전 400년 사이에 파포스 성소를 찾은 유럽과 아프리카, 아시아의 순례자들이 바친 공물 조각은 지금까지 4천 개나 발굴되었다. 심지어 사이프러스가 명목상으로 기독교의 땅이었던 4세기에도 아프로디테의 신성에 바치는 등불은 꺼지지 않았다.

> 멜레아그로스가 당신, 소중한 키프리스에게 등불을 바칩니다.
> 그의 놀이 친구. 램프는 당신을 위한 밤의 축제가 품은 비밀을
> 전합니다.*

하지만 아직 아프로디테에 관한 비밀이 다 드러나지는 않았다. 자연과 사랑을 지배하는 사이프러스의 관능적 여신은 그저 '여왕'이나 '여신'으로 불리곤 했다. 그렇다면 이 여신은 언제, 그리고 어떻게 아프로디테라는 이름을 얻었을까? 기원전 8세기와 기원전 7세기에 호메로스의 시를 읊던 음유시인들은 파포스의 여신을 '키프리스', 혹은 우리에게 더 익숙한 이름 '아프로디테'라고 불렀다. 일부 그리스인들은 그리스어 '아프로스^{ἀφρός}'가 바다의 거품을 가리키는 단어이므로 '아프로-디테$^{Aphro\text{-}dite}$'가 '거품에서 태어난'이라는 뜻이라고 주장했다. 그러나 아프로디테는

---

*   《그리스 사화집》, 6권, 기원전 1세기.

'아스테로스Ashteroth(그리스식으로 바꾸면 아스타르테)'라는 페니키아 이름에서 유래했을 가능성이 훨씬 더 크다. 그리고 '아스테로스' 는 '빛나는' 혹은 '반짝이는'이라는 뜻의 셈어에서 비롯했을 것 이다. 사이프러스의 여신이 아프로디테라는 이름을 얻은 순간이 언제인지 그 기원을 정확하게 파악하는 일은 만만치 않은 과제 다. 선사시대와 역사시대가 맞닿은 시대인 당시의 삶은 대개 문 자로 기록되지 않았으므로 말로 전하는 이야기와 유물로 추론 할 수밖에 없다. 다만 철기시대가 꽃을 피웠던 기원전 8세기에 욕망의 여신이 아프로디테라는 새로운 이름을 얻었다는 사실만 큼은 확실하다. 이와 함께 파포스의 성소는 아프로디테가 지상 에서 가장 아끼는 거처가 되었다.

그 이후로 파포스의 아프로디테는 생명을 탄생시키는 힘을 지닌 장밋빛 젖가슴의 여신으로 묘사되었다. 새와 비둘기는 아 프로디테에게 매우 중요한 의미를 지닌 존재였는데, 중동을 호 령했던 아프로디테의 조상에게도 이것은 마찬가지였다. 비둘기 를 가리키는 그리스어 '페리스테라περιστερά'가 셈어 '페라 이슈타 르(이슈타르의 새)'에서 유래했다는 것을 보면 알 수 있다.

청동과 테라코타, 대리석으로 만든 비둘기 조각이나 공물 로 바칠 비둘기를 들고 있는 인물상들이 다수의 아프로디테 신 전에서 발굴되었다. 사이프러스의 고대 도시 이달리온에 들어 선 사원에서는 비둘기장이 하나 발견되었다. 붉은 흙 속에 있던

가슴이 붉은 여신상. 기원전 800년경.
사이프러스에서 테라코타로 제작.

이 비둘기장은 아프로디테를 위한 선물이었다. 아프로디테는 부리로 다정하게 애무하고 구구거리는 소리로 달콤하게 속삭이는 새를 늘 가까이에 두었다. 아프로디테가 비둘기와 함께 있는 모습은 프랑수아 부셰가 그린 섬세한 춘화부터 인터넷에 떠도는 더 노골적이고 선정적인 이미지까지 다양하게 찾아볼 수 있다.

철기시대에 아프로디테는 보통 옷을 걸친 모습으로 표현되었다. 동물과 새를 사랑하는 아프로디테는 언제나 활짝 핀 장미와 꽃, 정교하고 섬세한 보석과 장신구로 호화롭게 꾸미고 있었다.

아프로디테는 모든 것을 아우르는 신이었고, 아프로디테의 신성을 향한 사람들의 믿음은 절대적이었다. 그 시대 사람들은 아프로디테의 도움이 없었다면 무력감을 느꼈을 것이다. 무덤에서 출토된 증거로 미루어보아 당대는 질병과 고난의 시기였다. 말라리아와 한센병, 암은 흔한 질병이었다. 이 고대 인간 사회에서 위대한 아프로디테 여신은 믿어도 좋고, 믿지 않아도 좋은 선택 사항이 아니었다는 사실을 반드시 기억해두자. 아프로디테는 사람들에게 하늘과 바다처럼 현실에 분명히 존재하는 대상이었다. 아프로디테가 없다면, 만사가 다 틀어진 것이나 다름없었다. 그녀의 존재는 인간에게 희망을 주었다. 파포스에는 지금도 청동기시대 말에 지어진 거대한 벽이 버티고 서 있다. 아프로디테를 경배했던 사람들이 벽에 기대어 서서 눈부시게 내리쬐는 지

프랑수아 부셰,
〈비둘기 두 마리와 장난치는 비너스Venus Playing with Two Doves〉,
1754년경, 종이에 파스텔.

중해의 태양과 사납게 몰아치는 근동의 바람을 피하고 여신의 권능과 자비, 보호를 애타게 바라던 모습을 그려보자. 그들은 아프로디테를 너무도 생생하게 상상했다.

> 그녀가 눈부시게 빛나는 문에 이르렀네,
> 그곳에서 우미의 여신이 천상의 기름으로
> 그녀를 씻겨주었다네. 영생하는 신들의 살갖에서
> 반짝이는 기름, 신성한 향기를 내뿜는 기름이라네.
> 여신도 기름을 바르고 향기를 풍겼네.
> 웃음을 사랑하는 아프로디테는
> 화려한 옷을 걸쳤다네 (…) 황금으로 치장했네 (…)
> 그녀가 불길보다 환하게 빛나는 옷을 입었기 때문이지.
> 황금빛으로 찬란하게 반짝이는 옷,
> 갖가지 자수로 호화롭게 꾸민 옷,
> 그녀의 부드러운 젖가슴 위로 떠오른 달처럼
> 빛이 은은하게 일렁이는 옷, 얼마나 경이로운가.*

여기서 '웃음을 사랑하는'이라는 표현에 주목해보자. 이 표현은 그저 '기쁨에 넘치는'이라는 뜻일 수도 있다. 중동 본토를 가

---

* 《호메로스 찬가》 중 아프로디테 찬가, 5편.

로질러 와서 사이프러스에 닿은 뒤 파포스에서 아프로디테라는 이름으로 경배받은 이 여신은 확실히 예전보다 조금 더 나긋나긋하고 부드러워졌기 때문이다. 하지만 아프로디테의 웃음, 특히 그녀의 은은한 미소는 여성의 '성'을 의미하는 표현이기도 하다. 아프로디테를 숭배했던 이들은 조개껍데기를 숭배 의식에 자주 사용했고, 신전을 꾸미는 데도 활용했다. 조개껍데기는 아프로디테가 바다에서 탄생했다는 사실을 보여주는 장치였을 것이다. 하지만 또 다른 의미도 있다. 이곳에서 출토된 가리비 껍데기에는 보통 구멍이 뚫려 있다. 사람들은 아프로디테를 숭배하는 의식을 치를 때 이 구멍에 끈을 꿰어서 가리비를 목에 걸었을 것이다. 그런데 가리비 껍데기의 안쪽은 여성의 외음부 및 클리토리스와 놀라울 만큼, 꽤 충격적일 만큼 닮았다. 그리스에서 통속적으로 쓰이는 단어 '크테이스κτείς'는 가리비를 닮은 바다 생물뿐만 아니라 여성의 음순과 성기도 가리킨다.

　그러니 팔레오 파포스에서 성적인 열기가 얼마나 뜨거웠는지 짐작하기가 어렵지 않다. 전설에 따르면 아프로디테가 다르다니아의 왕 안키세스를 유혹하러 온 곳이 팔페오 파포스다. 아프로디테는 이곳에서 안키세스와 정을 통하다가 발각되어 연인인 전쟁의 신 아레스와 함께 달아났다고 한다. 이렇게 파포스의 성소에서는 아프로디테를 무모하고 흥분에 도취한 여인으로, 또 다양한 모습으로 상상했다.

하지만 아프로디테는 단지 상상의 산물만은 아니다. 시간을 거슬러서 아프로디테가 남긴 물질적 흔적을 따라가보자. 아프로디테는 피와 살이 있는 인간의 강렬한 욕망을 세상이 어떻게 인식했는지 나타내는 지표다. 우리는 아프로디테를 통해 성과 성욕, 성행위의 폭넓은 스펙트럼 속 다양한 지점에서 살았던 인간들의 쾌락과 의지, 깊은 열정에 대한 세상의 관점을 알 수 있다.

4

매춘하는 여신, 매춘하는 여성

만물을 뒤섞는 여신의 본성

아프로디테, 그대 혼자서

권력과 명예로 다스리시나이다.

천지 만물의 여왕이여!*

—

아프로디테 포니타, 깊은 바다의 아프로디테.

아프로디테 리메니아, 항구의 아프로디테**

—

당신의 힘은 모두를 정복하는 주문이자 매력이니

필멸의 존재도 불멸의 존재도 그대 발 앞에 엎드리리***

*   에우리피데스,《히폴리토스》.

**   파우사니아스,《그리스 안내Description of Greece》.

*** 호메로스,《일리아스》, 14권.

최초로 아프로디테라는 이름에 관한 구체적인 증거가 나온 곳
은 사실 사이프러스가 아니라 이탈리아 나폴리만의 작고 푸른
화산섬 '이스키아'다. 이스키아는 1963년 엘리자베스 테일러가
강력한 성애의 화신을 연기했던 영화 〈클레오파트라〉 촬영지로
알려져 있다.

기원전 740년경 그리스 로도스섬에서 만들어진 단순한 형
태의 테라코타 잔이 이곳에서 출토되었다. 잔의 표면에는 오른
쪽에서 왼쪽으로 글이 새겨져 있다(이 그릇이 그리 대단하지 않은 소
박한 물건이라는 사실을 생각해볼 때 꽤 장난기 어린 말투다).

나는 네스토르의 컵이노라. 술을 마시기에 알맞지.
누구든 이 컵으로 술을 마시는 자는, 즉시
아름다운 왕관을 쓴 아프로디테의 힘으로 욕망에 사로잡히리.

술을 진탕 마신 연회 손님이 와인잔에 무심코 남긴 글 덕분에
아프로디테는 술에 취해 벌이는 정사의 수호자로서 처음 문자
기록 속에 들어왔다. 사랑의 여신은 황홀경과 일탈, 변신, 무절
제를 상징하는 고대 그리스·로마의 신 디오니소스-바쿠스 그
리고 그가 인간에게 내린 선물인 와인과 곧잘 연결되었다. 이스
키아에서 출토된 술잔의 글은 마치 아프로디테가 사치스러운
상류 사회와 관련 있는 것처럼 호메로스 서사시에 등장하는 네

스토르 왕을 언급하고 있지만, 아프로디테는 모든 계층의 여성과 남성들이 중요하게 여기는 여신이었다.

사이프러스의 여신은 아프로디테라는 이름을 얻고 나서(그 덕분에 고고학 유물뿐만 아니라 문자 기록으로도 이 여신을 추적할 수 있게 되었다) 다양한 능력을 갖추고 어디에나 존재하는 신이 된 것이 분명하다. 아프로디테는 인류 문명을 여러 방면으로 돕기 위해 평범한 문제에서 중대한 문제까지 인간의 일상 속에 적극적으로 관여했다.

아프로디테 이야기는 헤시오도스와 호메로스의 작품에서 중심이 되는 내용이다. 이 작품들은 해외로 흩어진 고대 그리스인들에게는 '성서'나 다름없었으므로 여신의 이름은 적어도 기원전 8세기부터 지중해 동부 전역에 사는 수많은 이들의 입에서 흘러나왔을 것이다. 고대 그리스 서사시 《키프리아》의 주인공 키프리아 역시 아프로디테를 의미한다. 일부 유실되어 전편을 알 수는 없으나, 이 서사시는 사이프러스의 스타시누스Stasinus가 지었다고 알려져 있으며, 호메로스의 《일리아스》보다 앞서 벌어진 일을 다룬다. 지금까지 남아 있는 《키프리아》 단편에서 아프로디테는 트로이 이야기의 핵심 주인공이며, 헬레네에게 파리스와 함께 달아나라고 부추기는 인물이다. 당대 사람들이 아프로디테의 향기로운 자태를 찬양했다는 사실이 여기에서도 드러난다.

(…) 크로커스와 히아신스, 활짝 피어난

바이올렛과 탐스럽고 고운 장미,

너무도 달콤하고 향긋한 천상의 꽃봉오리,

수선화와 백합 꽃송이. 이렇게 꽃 내음을 풍기는 옷은

아프로디테가 사시사철 입는 옷이라네.*

하지만 아프로디테는 선사시대의 기원이 암시하듯이 단순한 사랑의 여신을 넘어선 훨씬 더 강력한 '믹시스μῖξις**'의 화신이었다. 고대 그리스인은 믹시스가 만물을 융합하는 촉매라고 믿었다. 그들은 믹시스가 세상 구석구석에 스며들어 있어 친분과 성교, 관계와 연결, 협력을 장려한다(때로는 강제한다)고 믿었다. 아프로디테는 인간, 다시 말해 마을과 도시, 국가에서 함께 모여 살기로 선택한 생명체를 언제나 눈여겨보았다. 여성과 남성이 육체적으로, 문화적으로, 감정적으로 어울리도록 권장한 이가 바로 아프로디테였다. 크고 작은 경계를 넘어서 관계를 맺도록 인간을 자극한 이가 아프로디테였다. 아프로디테는 인간을 사회적 존재로 만들었고, 시민 공동체의 화합을 격려했다. 아프로디테의 관심사는 뜨거운 본능에 충실한 디오니소스 같기도 했으

---

*   《키프리아》. 단편 6. 아테나이오스가 전함.

**   혼합. 성교. 상업 등을 뜻하는 고대 그리스어(편집자 주).

나, 한편으로는 고상하고 온화한 아폴론과 비슷했다. 극작가부터 철학자까지 고대의 저술가들은 인간을 하나로 묶고 공동체를 장려하는 아프로디테의 힘이 우주에서 가장 강력하며 다른 신들의 힘을 뛰어넘는다고 주장했다.

아프로디테는 '만물을 뒤섞는' 본성을 지닌 데다 바다에서 태어났기 때문에, 육지를 떠나서 탁 트인 바다로 나아가는 배를 수호하는 신으로 알려지기도 했다. 그래서인지 아프로디테 사원은 유난히 항구 도시에서 많이 발견된다. 사이프러스의 파포스, 그리스 본토의 코린토스, 소아시아의 크니도스, 시칠리아의 시라쿠사, 아테네 근처의 피레아스, 나폴리만의 폼페이를 떠올려보면 쉽게 알 수 있다.

아프로디테-비너스는 폼페이에서 가장 중요한 신이었다. 프롤로그에서 언급했던 아름답게 색을 입힌 비너스 조각상이 폼페이의 유물 저장고에 있는 것도 이 때문이다. 기원전 89년부터 폼페이의 공식 명칭은 '콜로니아 코르넬리아 베네리아 폼페이아노룸Colonia Cornelia Veneria Pompeianorum'이었는데, 이는 코르넬리우스 술라가 정복한 식민지이자, 비너스의 신성한 보호를 받는 폼페이라는 뜻이다. 그 시대 폼페이에는 카라라 대리석으로 지은 웅장한 비너스 신전이 우뚝 서 있었고, 흰 대리석으로 장식된 전용 길이 포럼(광장)에서부터 신전까지 이어져 있었다. 아프로디테-비너스 사원은 도시의 관문인 항구를 지키는 곳이었다.

비너스는 폼페이를 상징하는 일종의 마스코트였다. 폼페이에서 발견된 다수의 비문에서는 '베누스 피시아$^{Venus Fiscia}$', 즉 '건강을 고쳐주는 비너스'라는 문구를 찾아볼 수 있다. 이 표현은 폼페이가 로마 식민지가 되기 전부터 이곳 베수비오산의 비옥한 비탈에서 살았던 이들이 숭배한 건강과 다산의 여신을 가리키는 말일 것이다. 비너스는 폼페이 곳곳에서 나타난다. 만약 출입이 제한된 폼페이의 유적지 '루크레티우스 프론토의 집'에서 운 좋게도 경비원이 안으로 들여보내준다면, 내부에 있는 정교하고 섬세한 벽화들을 감상할 수 있을 것이다. 그중에 애인 마르스와 함께 있는 비너스의 모습이 그려진 벽화도 있다. '비너스와 마르스의 집'이라고 불리는 유적지에도 건물의 이름에 걸맞게 비너스가 있는 프레스코화가 발견되었다. 폼페이의 또 다른 유적지 로레이우스 티부르티누스 저택과 나폴리 국립 고고학 박물관의 유물 보관실에도 비너스가 있다. 박물관에 소장된 그림 속에서 비너스는 곁에 앉은 연인 마르스의 손에 왼쪽 가슴을 내어주고 있다.

폼페이 근교 오플론티스에 살았던 어느 여인은 안타깝게도 베수비오 화산 폭발로 죽음을 맞았다. 그런데 이 여인이 당시에

비너스와 마르스의 결혼. 로마 프레스코화.
폼페이 루크레티우스 프론토의 집 응접실에 그려져 있다.

차고 있던 황금 팔찌에는 거울을 든 큐피드와 그 거울을 들여다보는 비너스가 새겨져 있다. 폼페이에서는 이보다 더 저렴한 청동으로 만든 팔찌가 출토되었는데, 79년의 참혹했던 화산 분출에서 살아남은 이 팔찌에는 바닷물에 젖은 비너스가 머리카락의 물기를 짜내는 모습이 새겨져 있다.

그 시대 연인들은 "비너스의 존재를 믿지 못하겠거든, 내 여인을 보아라"라고 이야기하며 비너스에게 감사를 드렸지만, 반대로 "곤봉으로 비너스의 갈비뼈를 으스러뜨리고 넓적다리를 짓뭉개버리고 싶구나. 그녀는 나의 여린 마음을 찢어놓을 수 있는데, 나라고 왜 그녀의 머리를 부서뜨리지 못할까!"라며 저주를 퍼붓기도 했다. 재치 넘치는 어떤 사람은 털실 가게 광고문 옆에 비너스를 묘사하는 낙서를 휘갈겨놓았다. "비너스가 대리석으로 만들어졌다면, 그녀를 가져서 무엇하리?" 이 여신은 심지어 선거 포스터 유물에도 등장한다. "나를 뽑아주십시오, 폼페이의 비너스 여신께서 당신이 하는 모든 일에 성공을 가져다주실 겁니다!"

비너스는 폼페이의 한 정원에 있는 프레스코화에도 모습을 드러냈다. 벽화에서 비너스는 바다에 둥둥 떠 있는 커다란 가리비 껍데기 위에 나른하게 누워 있다. 마치 폼페이에서 자주 열렸던 가든파티를 찾은 손님 같다. 맛 좋은 와인과 음식이 있는 폼페이의 파티를 상상해보자. 지중해에서 불어온 산들바람과 도시

폼페이에서 발견된 비너스, 1세기.
바닷물에서 태어난 후 조개껍데기에 누운 비너스와 그 곁의 큐피트.
폼페이 비너스의 집에서 출토.

에 피어난 장미와 재스민, 월계수 향기가 어우러져서 정원에 감돌았으리라.

아니나 다를까 비너스는 가정집과 장인들의 작업장, 지역 매음굴에 그려진 그림에도 나타난다. 그 속에서 비너스는 에로틱한 광경을 노골적으로 살펴보고 있다. 폼페이를 마지막으로 방문했을 때, 나는 79년의 대재앙이 닥쳤던 바로 그날 제빵 가게에서 누군가 섞고 있었던 회반죽을 조사하고 있었다. 화산 분출이 시작되면서 지진이 먼저 발생한 탓에 건물에 손상이 갔을 것이고, 누군가 훼손된 부분을 대충 수리하려고 회반죽을 섞고 있었을 것이다. 그런데 솔직히 말하자면, 내가 조사하던 곳 뒤에 있는 곁방에서 대단히 선정적인 그림이 나와서 놀랐다. 폼페이가 비너스의 도시였다는 사실을 기억해볼 때, 폼페이는 마치 배를 탈 채비를 마친 선원들로 붐비는 바닷가 파티 장소처럼, 바깥에서 무슨 일이 벌어지든 '잊어버릴 수 있는' 도시였을 것이다.

아프로디테가 바다와 성애 모두와 관련이 있다는 사실을 생각해보면, 그녀가 항구 도시의 여신이며 또한 매춘부의 여신이었다는 것이 별로 놀랍지 않다. 고대 그리스·로마의 문헌에는 정말 사람들이 아프로디테를 '세상에서 가장 오래된 직업'의 수호성인으로 여겼다는 내용이 나온다. 로마 문학의 아버지로 불리는 고대 로마 초기의 문인 엔니우스가 남긴 글이 그 예다. 그리스 문학에 깊은 관심을 보였던 엔니우스는 고대 그리스의 유헤메로스가 지은 작품을 번역하면서 비너스는 원래 매춘을 처음 고안해낸 여성이었으나 나중에 여신으로 숭배받게 된 것이라고 단언했다.

> 비너스는 처음으로 매춘의 기술을
> 만들어내서 사이프러스의 여인들에게 소개했다.
> 그 덕분에 여인들은 자신의 몸을
> 공공재산으로 만들어 돈을 벌 수 있었다.*

엔니우스가 완전히 틀린 말을 한 것은 아니다. 고대 그리스에서는 '아프로디테 판데모스', 즉 '모두의 아프로디테', '모든 사람의 아프로디테'를 매춘과 거친 성교의 수호자로 일컬었다. 아테네의 파르테논 신전 입구 앞에는 아프로디테 판데모스를 모시는 신전이 있었다. 이집트 태생의 고대 그리스 철학자 아테나이오스가 남긴 기록에 따르면, 아프로디테 판데모스 사원은 돈벌이가 좋은 매음굴에서 수익금을 받았다고 한다.

---

*   락탄티우스, 《신의 교훈Divine Institutes》 = 유헤메로스 테스티모니움Euhemer-us Testimonium =《브릴의 제이커비 신판Brill's New Jacoby》.

지금은 쾌적하게 나무가 우거져 있는 아테네의 고대 공동묘지 케라메이코스는 기원전 6세기부터 외국 출신 매춘부들이 손님을 기다렸던 곳이었다. 가난하고 젊은 여성뿐만 아니라 젊은 남성도 밖으로 트인 칸막이 안에 줄을 서서 손님들을 맞았다. 당시 아테네 사람들은 이런 매춘을 두고 에둘러서 '한낮의 결혼'이라고 불렀다.

여기서 발견된 주목할 만한 고고학적 유물을 보면 매춘부들이 아프로디테를 얼마나 소중하게 생각했는지 알 수 있다. 유물 중에는 들고 다닐 수 있을 만큼 작고 조악하게 만든 아스타르테, 아프로디테 조각상도 있고, 은을 망치로 두드려서 만든 커다란 메달도 있다. 벽에 걸어두는 장식품으로 보이는 이 독특한 메달에도 아프로디테가 등장한다. 아프로디테는 염소를 타고 밤하늘을 가로지르며, 에로스가 그 곁에서 함께 날아간다. 벌거벗은 소년이 여신 앞에 서서 길을 안내하고, 이들 주변에서 새끼 염소와 비둘기가 즐겁게 뛰논다. 단호한 표정을 짓고 있는 여신 뒤에는 사다리가 있다(사다리를 의미하는 고대 그리스어 '클리맥스 κλῖμάξ'에서 '클라이맥스'라는 말이 비롯했다. 그리스인들은 절정의 오르가슴을 흔히 '아프로디테의 결승점'이라고 표현했다). 성적인 메타포로 가득한 장면이다.

활기 넘치고 북적거리는 국제적인 도시국가의 변두리에 찾아온 여신이 가여운 성 노예들에게 위안을 주었기를 바랄 뿐이

코린토스에서 만들어진 거울 덮개.
기원전 340~기원전 320년경 청동과 은으로 제작. 지름 17.5cm.
에로스와 에로틱한 남녀 교합 장면인 '심플레그마symplegma'가 보인다.

다. 이곳에 살았던 성 노예들은 낮에는 옷감을 짰고 밤에는 손님들과 잠자리를 했다. 이들이 받았던 삯은 너무도 저렴했다. 잠자리 한 번에 겨우 은화 한 닢이어서 심지어 노예도 이들의 몸을 살 수 있었다.

하급 매춘부 포르나이^{pornai}가 영업하기에 아주 조금이라도 더 나은 곳은 아마 아테네에서 남동쪽으로 다섯 시간 말을 타고 달리면 나오는 코린토스였을 것이다. 올라갈 엄두가 나지 않을 만큼 높은 데다 얼룩덜룩한 회색 바위로 뒤덮인 산을 네 시간 동안 땀 흘리며 올라가야 그곳의 장엄한 아프로디테 신전에 이를 수 있다. 이 신전에는 매춘부들이 꽉 들어차 있었다고 한다. 이들은 키오스와 사이프러스 같은 지중해 동부의 섬이나 북아프리카에서 바닷길을 건너온 여행자들을 언제라도 맞이했다. 코린토스에서 출토된 항아리와 금속 용기에는 에로틱한 장면이 엄청나게 많이 그려져 있는데(현재 이 유물들은 코린토스 박물관의 비공개 구역에 조심스럽게 보관되어 있다), 이러한 유물들은 아프로디테 성소에서 이성애든 동성애든 성행위가 빈번하게 일어났다는 사실을 암시한다.

그렇다면 아프로디테 신전이나 그 부근에서 몸을 팔았던 매춘부들은 신성한 존재였을까? 이것은 정말로 난해한 문제다. 고대 문헌 자료에서는 코린토스와 파포스 등 여러 도시의 아프로디테 성소에서 여신을 기리고 신전의 물질적 이익을 얻기 위해 성스러운 매춘이 이루어졌다고 확고하게 밝히고 있다. 역사의 아버지 헤로도토스는 밀리타 여신(바빌론 같은 동양에서 아프로디테를 가리키던 이름)을 모시던 신전에서 여성들이 여신을 위해 몸을 팔았다고 기록했다. 또한 그는 부유한 여성이든 가난한 여성이든 모든 여자들은 일생에 한 번은 매춘을 강요받았으며, 사이프러스의 몇몇 신전에도 비슷한 관행이 있었다고 설명했다.

아프로디테 신전의 매춘업은 수많은 저술가가 고대부터 열성적으로 매달린 주제였다. 레바논, 시리아-팔레스타인, 그리스 서부의 칼리돈, 사이프러스의 살라미스, 시칠리아의 에리체에 있었던 아프로디테의 성스러운 매춘부에 관한 기록도 남아 있다. 이런 매춘부가 있었던 도시를 나열하자면 끝이 없다. 사이프러스의 아프로디테 신전에 관해서는 신성한 성 노동자들과 사이가 좋았던 작가들이 기록을 남겼다. 기독교도 작가들은 훗날 이 '극악무도한' 관행을 비난하며 사이프러스 아마투스에 있는 아프로디테 신전에서 "이교도와 음란하고 추잡한 남녀가 무리 지어 몰려들어 그들 주변에서 야단법석을 떨었다"고 썼다.*

신성과 연관된 성행위가 있었음을 알려주는 증거는 분명히 존재한다. 사이프러스의 아크나 근처 무덤에서 출토된 한 그릇에는 흥미롭게도 여인들이 연꽃 향기를 들이마시고 신전에서

---

* 《악타 바르나바Acta Barnabae》.

기쁨에 젖어 성교하는 모습이 담겨 있다. 또한 최근 그리스에서는 2004년 아테네 올림픽을 준비하며 승마장을 건설하다가 고대 도시 미리누스였던 메렌다 지방 근교에서 아프로디테에게 바친 복합 건물 '아프로디시온Aphrodiseion'을 발견했다. 나무가 아직 자라고 있는 멋진 안뜰과 회반죽을 입힌 욕조가 있는 욕실을 지나 안으로 들어가면 내부에는 신에게 바치는 술잔과 벌집이 있으며, 당대 유명한 고급 매춘부 난니아에 관한 언급도 찾아볼 수 있다.

하지만 이러한 기록들(지금까지 전하는 성스러운 매춘에 관한 역사 기록은 모두 남자의 손에서 탄생했다)은 여신을 기리는 성매매 관습이 얼마나 흔했는지 알려주는 구체적 증거라기보다는, 신성한 성행위에 돈을 내는 일이 어떠했는지 상상력을 불러일으키는 역할에 가깝다.

그렇다면 그 시대 사람들의 상식에서 실마리를 얻어보자. 당대 사람들은 성을 죄악으로 여기지 않았다. 그들은 존재를 탈바꿈시키며 황홀경과 초월을 선사하는 성의 힘을 글로 기록했다. 그들에게 성이란 여자가(기록에 따르면 11살쯤부터) 타인에게 팔아야 할 전부였다. 그런 시대에 성을 파는 사람과 사는 사람이 가벼운 섹스를 즐길 기회를 종교적 의미로 포장하지 않았다면 이상한 일 아닐까? 소년도 여신을 위한 '봉사'에 투입되었던 때이므로 신성한 매춘이 없었다고 하면 오히려 이상하리라. 그런

기원전 800～기원전 600년에 사이프러스 아크나에서 만들어진 그릇.
한가운데 장미 모양 장식을 둘러싸고 인물 형상이 복잡하게 그려져 있으며,
그중 일부는 성교 장면을 묘사한 것이다.

데 생각해보면 가장 큰 규모로 매춘부를 사고팔았던 것은 전쟁에서 인간을 전리품으로 빼앗아오는 데서 비롯했다. 이 사실을 떠올리면 정신이 번쩍 든다. 아프로디테는 성교와 투쟁을 수호하는 신이니, 매춘부는 진정으로 아프로디테의 자식인 셈이다.

고대 문화에서 아프로디테는 가볍고 자유로운 육체적 만남을 도울 뿐만 아니라 결혼과 임신을 돕고 보호하는 신이었다.

　많은 고대 아테네인들은 아테네의 아크로폴리스 암반에 아프로디테 판데모스 신전을 세운 이가 위대한 입법가 솔론이라고 전했다. 솔론은 성욕이 끓어 넘치는 아테네 청년들을 위해 유곽을 차렸고, 여기에서 벌어들인 돈으로 아프로디테 판데모스 신전을 지었다고 한다. 국가가 시민들의 성적 충동까지 관할하게 된 것이다. 이후 기원전 5세기에 아테네는 '황금기'로 접어들었고, 오직 기존 시민의 자녀만 시민권을 얻을 수 있도록 자격이 제한되었다(외부인이나 외국인은 아테네 시민이 될 수 없었다). 그러자 결혼을 성사시키고 결혼 생활을 유지해주는 신 아프로디테는 도시국가의 정치 구조에서 훨씬 더 중요한 존재로 거듭났다. 최근에 역사 자료를 다시 조사해본 결과, 아테네의 민주적 개혁가 클레이스테네스의 지시로 한 면에는 아테네의 수호신 아테나,

다른 면에는 아프로디테 판데모스를 새긴 동전이 만들어지기도 했다. 아테네에서 삶은 갈수록 벅차고 복잡해졌다. 사람들은 끝없이 변화하는 폴리스에서 조화와 안정을 이루고자 점점 더 아프로디테를 찬미하고 아프로디테의 가호를 기원했다.

2004년 올림픽 개최를 앞두고 아테네에서 새로운 지하철 노선을 건설하던 중, 결혼식에 참석한 아프로디테의 모습을 담은 항아리 여러 개가 질척한 땅속에서 발굴되었다. 매력적으로 장식된 항아리는 케라메이코스 역 아래서 모습을 드러냈다(이 부근은 원래 빈민 주거지역이었지만 이제 힙스터들의 아지트가 되었다). 항아리에는 아테네에서 늘 벌어지던 일과 다를 바 없는 풍경이 남아 있었다. 곧 신부가 될 여인이 얌전하게 앉아 있고, 아프로디테의 에로테스(여신의 시중을 드는 날개 달린 정령)와 에로스(아프로디테의 동료이자 아들)가 날아와서 행운을 전한다.

고대 그리스 사람들에게 매달 4일은 아프로디테를 기리는 날이었다. 그들은 그리스 전역에서 인기 있는 아프로디시아 축제를 열어서 아프로디테를 숭배했는데, 테베에서 열린 축제에서는 이런 일이 벌어졌다. 한 운수 좋은 군사령관이 자기 임기의 마지막을 기념하기 위해 수행원에게 "쾌락 넘치는 (…) 하룻밤을 보낼 수 있도록 테베에서 가장 아름답고 우아한 여인들"*

*   크세노폰, 《헬레니카Hellenica》, 5권.

을 집무실로 데려오도록 지시했다. 하지만 이 이야기의 끝은 다소 음울하다. 수행원이 데려온 고급 매춘부들은 변장한 자객이었다. 아프로디테가 얽혀 있는 일들이 늘 그렇듯, 섹스와 죽음은 가까이 붙어 다닌다.

고대 그리스인들은 아프로디테가 결혼한 부부의 침대 안팎에서 무언가 실질적이고 정치적인 일들을 한다고 믿었다. 하지만 아프로디테는 사람들이 정통이라고 인정하는 성과 욕망만 수호하지는 않았다. 아프로디테는 상황에 따라 달라지는 성 정체성과 성적 취향, 더 나아가 성적 실험까지 수호하는 신이었다.

5

타 아프로디시아

성을 바꾸다

그대는 남자를 여자로,

여자를 남자로 바꿀 수 있네*

아프로디테는 섹스는 물론 섹슈얼리티를 탐구하는 데에도 선구자였다. 사이프러스의 주요 아프로디테 성소 중 하나인 아마투스에서는 굉장히 흥미로운 소형 조각상이 출토되었다. 무덤에 묻혀 있던 이 독특한 조각상은 수염을 풍성하게 기른 여신의 모습을 하고 있다. 조각상은 화려한 가발을 쓰고 있고, 근사한 턱수염을 자랑한다. 얇게 비치는 드레스 너머로는 여성의 가슴과 생식기가 보인다. 이렇게 여자도, 남자도 아닌 조각상들은 성소의 다른 곳에서도 발견되었다. 아울러 사이프러스의 골고이에 있는 아프로디테 성소에서도 유사한 사제 조각상이 출토되었다.

* 〈가장 큰 심장을 가진 여인Lady of the Largest Heart〉, 엔헤두안나가 이난나에게 바치는 찬가, 기원전 2300년경.

연꽃무늬로 장식된 예복을 입은 이 사제는 여자처럼 가슴이 봉긋하고, 아프로디테의 신성한 새, 비둘기를 들고 있다. 고대 그리스 역사가인 아마투스의 파에온은 아프로디테가 가끔 남자로 변할 수 있다고 기록했다(훗날 사전 편찬가 헤시키우스가 그의 기록을 인용했다). 아테네의 스타 극작가 아리스토파네스도 이 의견에 동의했다. 오래전에 사라져서 조각조각만 전하는 그의 희곡 단편 두 군데(325a와 b)를 보면, 그는 아프로디테-아프로디토스(여성-남성 아프로디테) 숭배 문화가 사이프러스에서 아테네로 전해졌다고 설명한다.

우리는 몇몇 가설을 생각해볼 수 있다. 우선, 고대 그리스 사람들이 동방의 관습을 알고 있었을 수도 있다. 이난나와 이슈타르, 아스타르테를 모시는 동방 사제들은 때때로 남녀 양성의 특징을 갖추었거나, 거세당한 남성이나, 성전환자 혹은 양성구유였다. 아니면 여성성과 남성성을 함께 지닌 조각상들은 아프로디테의 탄생에 얽힌 그리스신화를 연상한 것일 수도 있다. 어떤 이들은 바다에서 태어난 젊은 여신이 자기 몸속에 잘려 나간 우라노스의 성기를 간직했으리라고 믿었다. 아마투스에서 출토된 조각상이나 자웅동체인 사제들의 형상은 추상적이었던 렘바의 여인상이 구체적인 형태를 갖추고 변신한 모습일지도 모른다. 혹은 그저 성과 욕망의 본성이 남녀를 가리지 않는다는 고대 사람들의 인식을 표현한 것일 수도 있다.

아프로디테를 숭배하는 남성 사제.
기원전 6세기 석회암으로 제작, 사이프러스의 골고이 성소에서 출토.

사실 '자웅동체hermaphrodite'라는 말 자체가 그리스 전설에서 유래했다. 아프로디테는 헤르메스와 하룻밤을 보내고 아름다운 아들 헤르마프로디토스를 낳았다. 이후 헤르마프로디토스는 님프 살마키스와 한 몸이 되어서 여성과 남성의 성기를 모두 가진 신이 되었고, 때때로 아프로디토스라는 이름으로도 불렸다. 사이프러스에서 헤르마프로디토스를 기리는 희생 제의가 열리면, 그를 추종하는 남성과 여성은 달빛 아래서 서로 옷을 바꿔 입었다. 그들은 남녀의 신성을 함께 간직한 종교적 조각상을 만들어서 '여신'이자 '남신'인 아프로디토스를 기렸다.

아프로디테를 가장 다채롭고 함축적으로 표현하며 경배했던 고대 문인은 동성애자였던 여성 작가, '사포'다. 기원전 7세기 사포는 소아시아 해안에서 살짝 떨어진 레스보스섬에서 지내며 사랑의 여신과 맺은 내밀한 관계를 오랜 시간, 수많은 시구를 지어 노래했다. 레스보스섬은 지금도 넋을 잃을 만큼 아름다운 풍경을 간직하고 있다. 이곳에서는 빛마저 특별한 방식으로 반짝이는 듯하다. 레스보스의 항구 도시 미틸리니 근처에 위치한 사포의 고향을 찾아가면, 사포의 섬세하고 서정적인 시에 등장했던 바람에 산들거리는 떡갈나무 잎과 향기로운 모래톱을 알아볼 수 있을 것이다. 사포의 〈아프로디테에게 부치는 송가Ode to Aphrodite〉는 사과나무와 장미, 봄철을 맞은 꽃에 둘러싸인 채 부드러운 빛을 드리우는 아프로디테 신전을 찬미한다. 발굴된 유적과 유물을 보면 사포의 시가 공상이 빚어낸 허황된 이야기가 아니라 기원전 7세기와 기원전 6세기 생활을 사실적으로 담아낸 기록이라는 것을 알 수 있다. 틀림없이 귀족이었을, 그리고 아마도 아프로디테를 모시는 고위 사제였을 사포는 명문가 소녀들을 맡아서 쾌락이 넘치고 위험이 도사리는 인생을 어떻게 헤쳐나가야 할지 가르쳤다.

1994년, 레스보스에서 그리 멀지 않은 그라니코스강(현재 터키 아나톨리아)에서 놀라운 폴릭세네 석관이 발견되었다(그라니코스강은 트로이의 젊은 왕자 파리스가 가장 아름다운 여신으로 아프로디테를 선택했던 장소인 이다산의 구릉에서 솟아 나온다). 이 석관은 사포가 살던 시대에 만들어진 대단한 유물로, 파리스의 누이동생 폴릭세네가 죽임을 당하는 피의 희생제의 장면과 더불어, 사포의 향연에서 활발하게 대화를 나누는 여성들의 모습도 보여준다. 우리는 사포가 이러한 상황을 즐기는 모습을 상상해볼 수 있다. 사포는 둘도 없이 소중하고 감수성 예민한 소녀들에게 아프로디테의 기술을, 다리가 풀릴 만큼 강렬한 욕망을, 휘영청 밝은 달을, 다른 사람을 갈망할 때 살갗 아래서 슬금슬금 퍼져나가는 불꽃을 가르쳐주었으리라.

사랑하는 어머니, 저는 베를 짤 수 없어요,

가냘픈 아프로디테, 키프러스의 여신이

제 마음에 열망을 불어넣고, 제 마음을 찢어버렸어요.[*]

사포가 아프로디테와 나눈 대화는 고대 세계에서 굉장히 인기를 끌었다. 덕분에 적지 않은 수의 작품 사본들이 파피루스에 기록되어 이집트 모래사막에 묻힌 채로 살아남았다. 사포의 시는 마음속 깊은 곳의 비밀을 은근하게 알려주는 듯하다. 아프로디테는 사포가 비밀도 털어놓을 수 있는 친구였다. 사포는 아프로디테와 함께 사랑이 무엇인지, 그리고 사랑이 '달콤하면서도 쌉싸름'하다는 사실을 어떻게 가장 잘 표현할 수 있을지 탐구했다 (사포는 역사상 처음으로 '달콤쌉싸름하다'는 표현을 사용했다. 그녀는 조금 더 솔직한 편이어서, 사랑이 처음에는 달콤하다가 나중에는 쌉싸름하게 변한다고 말했다). 사포를 높이 샀던 플라톤은 그녀를 열 번째 뮤즈 여신이라고 일컫기도 했다. 사포의 시구가 기록된 파피루스 조각들이 계속 새롭게 발견되는 것으로 보아, 확실히 사포의 작품은 널리 읽히고 인용된 것 같다. 심지어 인간과 악어, 고양이를 미라로 만드는 데 사용되는 파피루스나 리넨에도 사포의 시가 적혀 있다. 2014년에는 책 제본에 사용했을 파피루스에서 사

[*]   사포, 〈단편 102〉.

포의 〈키프리스의 노래The Kypris Song〉 속 새로운 구절이 발견되었다. 여신에게 애원하는 이 경이로운 작품은 사랑할 때, 또 사랑을 잃을 때 찾아오는 현기증을 묘사한다.

> 여왕 아프로디테여, 어떻게 사람이 사랑하는 이 때문에
>
> 상처 입은 후에 또다시 상처 입지 않을 수 있고,
>
> 무엇보다도 이 고통이 가시기를 바라지 않을 수 있나이까?
>
> 당신은 저를 하릴없이 산산이 조각내고
>
> 다리가 풀릴 만큼 강렬한 욕망에서 떼어낼
>
> 계획을 품고 계십니까?**

아프로디테가 그랬듯이, 사포는 또 다른 시에서 아프로디테에게 곧바로 호소하며 욕망은 물론 친밀함과 연민과 우정 역시 사랑의 중요한 요소라는 사실을 일깨워준다.

> (…) 당신은 물어보셨지요. 이번에는
>
> 무슨 일인지, 왜 제가 다시 당신을 부르는지,
>
> 사납게 날뛰는 제 심장이
>
> 무엇을 가장 원하는지 (…)

** 사포. 〈키프리스의 노래〉. 단편.

부디 지금 제게로 오소서. 저를 힘겨운 근심에서

풀어주소서. 제 심장이 간절히 원하는 것을

이루어주소서, 이루어주소서.

*저의 전우가 되어주소서.**

아프로디테는 이 세상의 수많은 가능성을 구현하는 신성한 화신이었다. 아프로디테는 모든 형태의 섹슈얼리티를 소용돌이치는 생명력으로 여기며 장려하고 보호했다. 이 여신이 다채로운 겉모습으로 변신하는 것을 보면, 고대 사람들은 인간이 감정을 느끼고 사랑하는 방식이 다양하다는 사실을 인정한 듯하다. 하지만 한편으로는 아프로디테가 성을 지배했다는 것은 이 여신이 천상의 존재이자 악마처럼 흉포한 존재였음을 암시한다.

---

* 사포, 〈아프로디테에게 부치는 송가〉, 단편.

처음부터 다시 시작하는
세상 친절한 세계사

── 세상 친절한 ──
중국상식

62가지 질문으로 들여다본 중국인의 뇌 구조

이철현 · 오관선 지음

"중국, 무엇을 어디서부터 알아야 할까?"
중국을 가리기 쉽지만 잘도 모르는 바깥에서 가장 쉽게 만나는 이야기

어디에 6개의 개인 독력적인 역사가 없다

미국을 만든 50개 주 이야기

김동섭 지음

"지명에는 그 민족과 나라의 역사가 녹아 있다!"
언어학자가 풀어낸 미국 개척사와 문화 이야기

── 위험한 전염병과 인류 사망이 문명에 대한 기록 ──

병이 바꾼 세계의 역사

FRANKHEITEN
GESCHICHTE MACHEN

미래의창

도서목록

친환경 테마주부터 ETF까지
한 권으로 끝내는 그린 투자 가이드

ESG 머니전략

황유식 · 류영재 · 김성우 지음

글로벌 머니의 거대한 이동이 시작된다

── 젊은 일리 모기까지 ──
현실 과학의 아름다움에 대하여

이토록 아름다운 물리학이라니

일렉이 있는 브랜드로
이야기 지우도 판매 없어져야 할 요즘

NO BRAND

노 브랜드 시대의 브랜드 전략

아마존 위챗몰을 버리고,
이마트 TV를 보고,
주방 샘수를 마시는 시대

국내 글로벌 최신 11대 브랜드의 57가지 유형38은 무엇인가

kakao와 NAVER는 어떻게 은행이 되었나

핀테크 트렌드로 보는
밀레니얼세대가 원하는 미래 금융

김상봉 지음

궁금의 만달 핀테크 유니콘
이제 산업의 지평을 바꾸는 게임 체인저이로!

2021년, 모든 비즈니스는 콘텐츠로 모인다
미디어 산업 최전선에서 전하는
전문가 3인의 심층 리포트

콘텐츠가 전부다2
날개 단 K-콘텐츠와 크리에이터 전성시대,
완전히 새로운 콘텐츠의 세상으로

노가영·김정현·이정훈 지음 | 304쪽 | 17,000원

〈콘텐츠가 전부다〉보다 강렬한 〈콘텐츠가 전부
다2〉가 나왔다. 코로나19로 인한 디지털 콘텐
츠의 수요 폭발을 감안하더라도 최근 K-콘텐츠
가 거둔 성과는 놀라운 수준이다. 그 어느 때보
다 다이내믹하고 변화무쌍한 미디어산업의 생
생한 현장으로 함께 떠나보자.

알렉산더 대왕부터 히틀러, 케네디까지
최고 권력자들의 질병에 대한 기록
질병은 어떻게 세계의 역사를 바꾸었는가?

질병이 바꾼 세계의 역사
인류를 위협한 전염병과
최고 권력자들의 질병에 대한 기록

로날트 D. 게르슈테 지음 | 강희진 옮김 | 376쪽 | 17,000원

수많은 사람의 생명을 위협하거나 역사적으로
큰 권력을 손에 쥐었던 인물들의 건강을 앗아
감으로써 역사의 흐름을 바꾸기도 한 질병. 황
제와 대통령, 독재자에 이르기까지 질병이 어
떻게 그들을 무너뜨리고 세계의 역사를 바꾸었
는지 그 흥미로운 이야기를 담았다.

6

마니코스 에로스

광기 어린 사랑

그녀는 죽음이자 불후의 생명이라네,

그녀는 격렬한 광기라네*

—

(…) 사랑은 방심하는 법이 없지

사시사철 그렇네.

사랑은 아프로디테가 보낸

번쩍이는 섬광을 뿌리는

불타는 듯한 북풍이라네

무엇이든 짓밟는 광기를 몰고 오지

암흑으로 가득하고, 창피를 모르네.

우리 심장은 사랑이 휘두르는 폭력에

철저하게 짓밟히네.**

*   소포클레스, 〈그리스 비극 단편Tragicorum Graecorum Fragmenta〉.

**   이비코스, 〈단편 6〉, 기원전 6세기.

그렇다면 세상 어디에나 있는 숭고한 힘 '타 아프로디시아 ^{ta aph-}rodisia(성, 즉 아프로디테와 관련된 것들)'는 언제 문젯거리가 될까?

이 욕망의 여왕은 모든 욕구와 충동의 밑바탕에 있는 강렬한 힘이었지만, 듣기에 썩 좋지만은 않은 별명도 적잖게 얻었다. 아프로디테는 특이하게도 어머니 없이 아버지의 생식기에서 태어나 필로메데스^{Philommedes}, 즉 '남성 생식기를 사랑하는 자'라고 불렸다. 하지만 기만하는 사기꾼 에피스트로피아^{Epistrophia}이자 어두운 밤의 여인 멜라니스^{Melanis}이기도 했다. 더불어 염탐하는 스파이 카타스코피아^{Kataskopia}, 속삭이는 자 프시티리스테스^{Psithyristes}, 끊임없이 눈을 움직이며 힐끗거리는 자 엘리코블레파로스^{Heliokeblepharos}, 무덤을 파는 자 툼보리코스^{Tumborukhos}, 살인자 안드로포노스^{Androphonos}이기도 했다. 그러나 고대 세계에서 가장 흔히 불렸던 별명은 메카니티스^{Mechanitis}, '발명하는 자'로 인간사를 간섭하고 지휘하는 존재였다.

이런 별명은 대체로 호메로스가 지었거나, 호메로스 서사시 전통에서 생겨났다고 볼 수 있다. 더 자세히 말하자면 아프로디테의 별명은 전부 트로이전쟁이 일어난 근본 원인을 묻는 질문에서 나왔다. 당대 신화와 역사에서 가장 규모가 컸고 가장 파괴적이었던 그 전쟁은 도대체 누구의 책임이었을까? 시대를 바꾸어놓은 이 전설적인 사건을 두고 헤시오도스는 "탐스러운 머리칼의 헬레네 때문에 (…) 신과 같은 인간 영웅들이 (…) 죽임을 당했다"*라고 설명했다. 하지만 많은 이들은 모든 문제의 근원이 헬레네나 파리스, 또는 서로를 탐했던 두 사람의 욕망이 아니라, 인류에게 분쟁을 가져다준 강력한 여성, 즉 아프로디테라고 주장했다.

고대 그리스의 한 흑화黑畵식 항아리에는 불길한 결단을 내린 아프로디테가 헬레네에게 나타나서 그녀의 운명을 알려주는 장면이 그려져 있다. 아프로디테는 헬레네에게 사랑을 좇으라고, 무수한 인간에게 말로는 다 할 수 없는 막대한 고통을 가져다주라고 말한다. 트로이 왕자 파리스를 향한 무절제한 사랑은 지나치게 많은 죽음을 불러올 것이었다. 아직 십 대에 불과한 스파르타 왕비 헬레네와 트로이 왕자 파리스는 아프로디테의 의지를 그대로 따를 뿐, 다른 선택의 여지가 없다. 아프로디테가 파리스를 만나러 이다산으로 갈 채비를 하던 순간부터, 크로커스와 바이올렛과 장미 향기를 풍기는 옷으로 아름답게 꾸미던 순간부터, 운명은 정해졌다. 그러니 고대 사람들이 때때로 아프로디테를 운명과 징벌의 여신인 네메시스와 같은 존재라고 여겼거나, 둘을 혼동했던 것도 그다지 놀랍지 않다.

고대 사람들이 보기에 아프로디테와 헬레네, 파리스는 사랑의 삼각관계였다. 트로이의 헬레네가 가는 곳이라면 아프로디

---

* 헤시오도스, 《노동과 나날Works and Days》, 11권.

테도 따라갔다. 항아리 그림 속에서 아프로디테는 파리스를 반갑게 맞는 동시에 헬레네가 피할 수 없는 불륜에서 벗어나지 못하도록 막고 있다. 아프로디테는 전쟁터에도, 트로이 왕자의 침소에도 나타난다. 여신은 스파르타 왕비 헬레네에게 거센 욕망의 불꽃을 불어넣는다. 파리스는 스파르타 출신 연인의 불꽃에 타버린다.

고대 사람들은 인간 문명에 온기와 빛을 전해준 불이 문명을 파괴할 수도 있다는 사실을 너무도 잘 알았다. 이집트 무덤에는 불멸의 존재가 되려면 인간은 고통스러운 불꽃을 통과해야 한다는 내용을 담은 벽화가 있다. 고고학 기록에 따르면 도시에서나 시골에서나 열병은 사람들의 생명을 앗아가고 삶을 파괴하는 가장 큰 위험 중 하나였다. 아프로디테는 여신의 모습으로 나타난 작열하는 화염과도 같았다.

고대 로마의 시인 오비디우스는 파리스가 선언하는 모습을 노래하면서 '사랑으로 불타오른다'는 표현을 썼다.

우리의 예언자 하나가 노래했지, 일리오스는 파리스의 불꽃과 함께 타버릴 것이라고. 그 불은 내 심장의 횃불, 이제 그 일이 일어났네! (…) 위대한 여왕처럼 그대는 다르다니아*의 마을들 사이로

---

* 일리오스와 다르다니아는 트로이의 다른 이름이다(옮긴이 주).

나아갈 것이고, 뭇사람들은 새로운 여신께서 지상에 오셨다고 생
각하리라. 그대가 어디에 발을 내디디든, 강력한 화염이 시나몬을
*태워버리리⋯⋯!***

7세기, 후기 교부 철학자인 세비야의 이시도루스는 《어원Etymolo-gies》에서 당대 세계를 형성한 중대 사건 132개의 목록을 정리했다(이 저서는 모든 지식에 관한 일종의 백과사전, 우주를 집대성한 '내전'이다). 트로이전쟁도 그 가운데 하나였다.

  역사서를 저술한 작가들은 예리하게도 아프로디테-비너스가 홀로 움직인 것이 아니라고 지적했다. 참견하기 좋아하는 에로스가 아프로디테를 돕는 가장 가까운 협력자였다(고대 사람들은 에로스 역시 어머니이자 동료인 아프로디테처럼 태초의 밤에서 태어났다고 믿었다). 호메로스는 최초로 에로스의 불길한 힘을 명확하게 표현했다. 그의 작품 속에서 파리스는 "저항할 수 없는 갈망이 나를 쓰러뜨렸소. (⋯) 그토록 달콤한 욕망에 붙잡혀본 적이 없었다오"라고 헬레네와 함께 보낸 첫날밤을 회상한다. 아프로디테의 아들 에로스는 독화살을 쏘아서 사람들이 열정에 사로잡히도록 몰아갔다. 에로스의 화살은 그저 허황된 문학적 상상력이 아니었다. 사람들은 실제로 화살의 존재를 굳게 믿었다. 철학

** 오비디우스, 《여걸들의 서한Heroides》, 16권.

자 소크라테스는 사랑이 주는 충격이 독거미에 물리거나 전갈에 쏘이는 것과 같다고 설명했다. 이렇듯 인간에게 욕정을 불러일으키는 존재는 활시위를 당기는 남신, 큐피드(에로스)였다.

하지만 시간이 지나자 인간을 꼼짝 못 하게 만드는 사랑이 아프로디테가 낳은 딸들, 다시 말해 여성들 탓이라는 인식이 사람들 사이에서 점점 퍼졌고, 아프로디테는 가정을 파괴하는 자가 되었다. 그뿐만 아니라 세월이 흐를수록 여자와 잠자리를 하는 것은 충만한 삶, 남자들만의 우정, 전쟁과 제국 건설이라는 남자다운 일에 집중하지 못하도록 방해하는 일로 여겨졌다.

땅속에 묻혀 있던 유물들은 이러한 인식의 전환을 잘 보여준다. 인류 문명은 탐욕스러워졌다. 사회는 더 많은 도시, 더 많은 황금, 더 많은 영토를 갈망했다. 다른 나라의 영토에 침입하려면 반드시 믿을 만한 군대가 필요했기에 군사력에 훨씬 더 많이 의존하게 되었다. 지정학이 변화하면서, 인간이든 신이든 여성이 사회에서 맡은 역할은 갈수록 하찮아졌다. 한때 여성은 다음 세대를 출산해서 사회를 안정적으로 유지하는 중요한 존재였다. 하지만 이제는 남성 영웅들이 사회의 구세주 역할을 맡았다(영웅을 뜻하는 단어 'hero'는 남편을 가리키는 단어 'vir'와 어원이 같으며, 말 그대로 수호하는 남성을 의미한다).

강한 남성 영웅들은 사회를 보호하고 또 다른 사회를 공격하는 일을 하면서 믿고 의지할 수 있는 존재가 되었다. 그러나 여성은 인류의 구원자 자리에서 밀려나 단지 집에 앉아서 자식을 낳으며 억울해하는 존재이자, 언제든 다른 사람으로 대체할 수 있는 소모품이 되어갔다. 이처럼 새로운 위계 서열이 만들어지자 천상은 더는 모든 신이 함께하는 진정한 판테온*이 아니었다. 강력한 힘으로 죽음과 고통, 징벌을 내리는 단 하나의 남성 신이 최고 자리를 차지해 세상만사를 관장했다.

문학과 예술 작품에 남아 있는 아프로디테의 흔적을 따라가다 보면, 시간이 흐를수록 남성 중심 사회에서 얼마나 여성 혐오가 강해졌는지를 알 수 있다. 아프로디테를 바라보는 시선은 여러 측면에서 여성을 향한 시대적 인식을 반영한다. 이 안타까운 이야기는 아프로디테의 신체에 대한 태도가 점차 변했다는 데서도 확인할 수 있다. 아프로디테의 신체는 음탕한 매혹의 대상이 되었다.

고대 그리스 아르카익 시기에 지어진 시에서 아프로디테는 "은처럼 빛나는" 가슴을 지닌 여신으로 묘사되었다. 하지만 이 시에서 찬미하는 대상은 아프로디테의 곡선미가 아니라 풍요로운 재물이었다. 저자는 황금빛의 아프로디테를 이렇게 상상한다.

---

* 　한 국가나 민족의 신을 모두 모신 만신전(옮긴이 주).

황금 리본으로 머리칼을 묶은 시간의 여신들이 (…) 천상의 옷을 입혀주었네. 머리에는 공들여 만든 섬세한 황금 왕관을 씌우고, 귀에는 오리칼쿰 귀고리를 걸어주고, 부드러운 목에는 황금 목걸이를 둘러주었네.*

오리칼쿰은 전설 속에 등장하는 귀중한 금속이었다. 플라톤은 전설의 대륙 아틀란티스에 오리칼쿰이 매우 많다고 설명하기도 했다. 최근까지 학자들은 오리칼쿰이 백금을 가리키는 것이라고 추측했다. 그러나 얼마 전 시칠리아 남부 젤라 항구 근처에서 인양한 고대 그리스 난파선에서 기원전 5세기의 금속 덩이가 39개 발견되어 조사한 결과 오리칼쿰은 희귀하고 흥미로운 금속 합금이라는 사실이 밝혀졌다. 구리, 아연에다가 니켈과 납, 철을 적은 비율로 섞어서 만든 오리칼쿰은 이 특별한 여신에게 어울리는 금속이었다. 아프로디테는 비할 데 없이 귀한 오리칼쿰으로 치장했으며, "여명의 광채보다 더 밝게 빛나는" 드레스를 입었다고 한다. 아프로디테는 "구부러진 팔찌"를 걸치고 "고운 옷"을 입었다. 오늘날 우리가 상상하는 아프로디테는 보통 벌거벗고 있는 모습이지만, 사실 고대 세계에서 이 여신은 대체로 옷을 차려입고 있었다.

*   《호메로스 찬가》, 5편, 6편.

그런데 그런 아프로디테가 옷을 벗기 시작했다. 기원전 4세기부터 아프로디테는 한결같이 옷을 벗은 채로 나타났다. 벌거벗은 아프로디테를 보여주는 가장 좋은 예는 〈크니도스의 아프로디테Knidian Aphrodite〉다. 이 조각상은 아프로디테를 표현한 역대 예술품 가운데 가장 유명한 작품으로 꼽힌다. 아테네의 거장 프락시텔레스가 조각한 이 상징적인 작품은 완전히 벌거벗은 여성을 실물 크기로 재현한 최초의 석상이다. 원본은 콘스탄티노플에 잠시 보관되었다가 유실되었지만, 이후 무수히 많은 복제품이 만들어졌다.

크니도스의 아프로디테는 바로 앞에 서 있는 감상자를 거부하듯 고개를 살짝 틀고 서 있다. 머리는 우아한 자태로 슬쩍 숙이고, 입술에는 요염한 분위기가 슬며시 묻어나는 미소가 어려 있다. 가볍게 흔드는 손이 음부를 반쯤 가린다. 이 여신은 자신의 사랑스러운 몸을 수줍어한다. 아니, 수치스러워한다고 말할 수 있을 것이다. 여신은 자신의 성기를 가리면서 동시에 성기로 관심을 이끈다. 〈크니도스의 아프로디테〉 원본은 빛나는 해양 도시 크니도스에 있는 아프로디테 신전에 바칠 작품이었다. 크니도스는 최근 폴릭세네 석관이 발굴된 곳에서 아나톨리아 해안을 따라 내려가면 나온다.

크니도스 사람들은 벌거벗은 아프로디테 조각상을 무척 좋아했다. 덧붙여 말하자면, 근처의 코스섬에서도 프락시텔레스에

루도비시 컬렉션의 〈크니도스의 아프로디테〉.
프락시텔레스가 기원전 350년경에 제작한 원본을
2세기에 로마인이 대리석으로 복제했고, 7세기에 복원되었다.

게 실물 크기의 아프로디테 조각상을 만들어달라고 주문했는데, 코스의 아프로디테는 옷을 입고 있었다. 가볍게 물감을 칠하고 광을 낸 크니도스의 아프로디테 대리석상은 세간의 화제가 되었다. 지금은 터키 남서부 도시가 된 크니도스의 이중 항구는 그 당시 접근하기 쉬운 곳이었다. 수많은 순례자들이 논란이 많은 이 예술 작품을 보려고 크니도스로 몰려들었다. 못 견디도록 섹시한 조각상을 둘러싸고 갖가지 풍문도 들끓었다. 프락시텔레스가 아테네에서 빼어난 미모로 소문났던 고급 매춘부이자 자신의 정부였던 프리네를 조각상의 모델로 썼기 때문이다.

어느 익명의 작가는 이렇게 사색했다(13세기 비잔티움의 고대 문헌을 모아놓은 《플라누데스 선집》의 부록 159번에 삽입된 글). "누가 대리석에 영혼을 불어넣었던가? 누가 지상에서 키프리스를 보았던가? 누가 사랑을 향한 그토록 강한 갈망을 돌에 새겨놓았던가? 틀림없이 프락시텔레스의 손이 빚어낸 작품이리라. 아니라면 지금쯤 올림포스는 여신 하나를 잃었으리라. 파포스의 여신이 크니도스로 내려온 것일 테니."

한때 플라톤이 썼다고 전해졌던 《플라누데스 선집》 부록 160번에도 비슷한 내용이 나온다.

파포스와 키테라의 여왕이 파도를 지나쳐
크니도스로 오셨다.

자기 자신을 본뜬 조각상을 보고 싶었기 때문이다.

그녀는 열려 있는 신전 안의 조각상을

사방에서 둘러보고는 소리쳤다.

'프락시텔레스는 대체 어디서 내가 벌거벗은 모습을 보았을까?'

아무도 〈크니도스의 아프로디테〉가 내뿜는 매력을 거부하지 못했다. 크니도스의 보물인 이 조각상에는 소름 끼치는 이야기도 얽혀 있다. 조각상이 있던 신전 입구가 교묘하게 설계되어 있어서, 정면에서도 후면에서도 돌로 만든 여신을 볼 수 있었다. 어느 젊은이가 여신에게 너무도 깊이 도취한 나머지 밤에 조각상을 훔쳤고, 훔친 조각상과 사랑을 나누다가 조각상의 넓적다리에 사정하고 말았다. 결국 파로스의 백색 대리석으로 만든 조각상에 영원히 지워지지 않는 얼룩이 생겨버렸다고 한다.

이같이 벌거벗은 여신에 대한 관심이 고대 사회에 더욱 높아지자 옷을 입은 아프로디테-비너스는 찾아보기가 매우 어려워졌다. 더불어 진지하게 경배받는 아프로디테-비너스도 찾아보기가 매우 어려워졌다. 사람들은 여신의 힘보다는 여신의 매력적인 신체에 흥분하고 집중했다.

기원전 2세기부터 크니도스의 사실적인 누드 조각상(사실상 일종의 판타지가 집약된 여성상)이 엄청난 인기를 끌었다. 〈크니도스의 아프로디테〉를 모방한 작품을 만들어달라는 주문도 빗

발쳤다. 모방작이 만들어질수록 작품 속 아프로디테-비너스는 자신의 벌거벗은 몸을 더 부끄러워하는 것처럼 보였다. 선사시대부터 여신과 연관된 꽃이라고 알려진 도금양으로 몸을 가리고 있는 복제품도 많이 만들어졌다(도금양은 톡 쏘는 향을 풍기는 하얀 꽃이 피는 상록식물로, 아스피린과 비슷한 약효 성분이 있고 가벼운 최음제로도 쓰인다).

　그런데 〈크니도스의 아프로디테〉의 모방작을 만들어달라고 주문했던 사람 중에는 여성들도 있었다. 하드리아누스 황제의 아내 사비나, 마르쿠스 아우렐리우스 황제의 아내 파우스티나(소 파우스티나), 셉티미우스 세베루스 황제의 아내 율리아 돔나, 카라칼라 황제의 아내 플라우티나 등 수많은 황후(자신의 지위와 신분만으로도 충분히 유력한 여성들)가 여신의 매력과 지배력을 자기 자신과 연결하고 싶은 마음에 〈크니도스의 아프로디테〉와 같은 자태를 뽐내는 벌거벗은 비너스를 동전에 새기라고 명령했다.

고대에 인기 있었던 또 다른 아프로디테 조각상은 훨씬 수줍음을 덜 타는 것처럼 보인다. 〈아프로디테 칼리피고스Aphrodite Kallipy-gos〉, 다시 말해 '엉덩이가 아름다운 아프로디테'라는 이름의 이 조각상은 고대 세계에서 크나큰 사랑을 받았다. 시칠리아의 시라쿠사에는 이처럼 아름다운 엉덩이를 예찬하는 문화가 있었다고 한다. 2세기 말에 북아프리카 출신의 그리스 철학자 아테나이오스가 쓴《식탁의 현인들Deipnosophistae》에 이 문화와 관련된 기록이 처음 나온다. 시라쿠사의 젊은 처녀들은 가장 아름다운 엉덩이를 두고 경쟁했던 두 자매를 본받아서 최고의 엉덩이를 가리기 위해 미인 대회에 나갔다. 지역 농부들의 판정에 따라 우승자는 '최고의 엉덩이' 상을 받았다. 이 이야기는 고대의 음담패설처럼 들리지만, 아름다운 엉덩이 대회가 존재했다는 것은 역사적으로 증명된 사실이다. 흥미롭게도, 임상 해부학자 데이비드 베인브리지는 최근 연구를 통해 여성의 신체에서 지방질이 많을수록 여성과 자녀의 지능 수준이 더 높을 수 있다고 밝혔다. 어쩌면 고대 그리스인은 이 대단한 사실을 이미 알고 있었을지도 모른다. 엉덩이가 아름다운 아프로디테는 매력적인 정신과 육체의 롤모델이었다.

하지만 고대 그리스인들은 아프로디테를 벌거벗은 존재로 기억하는 데서 더 나아가 자신들이 마음대로 이용할 수 있는 여성의 대표적인 상징으로 여겼다. 이러한 잘못된 비유는 바뀌지 않고 계속 고착되어갔으며, 그 결과 아프로디테를 성폭력과 연결시키는 수많은 이야기가 생겨났다.

버터 빛깔 노란색이 감도는 팔레오 파포스의 유적지는 고

〈베누스 칼리피기Venus Callipyge(엉덩이가 아름다운 비너스)〉.
기원전 300년경 그리스에서 만들어진 원본을
기원전 2세기나 기원전 1세기에 로마에서 대리석으로 복제한 작품이다.
네로 황제의 별장인 로마의 도무스 아우레아에서 출토되었다.

대인의 상상 속에 있던 고약한 비밀을 감추고 있다. 이 성소는 트로이전쟁 시기에 아프로디테를 모시던 제사장인 키니라스 왕이 건설했다고 한다. 키니라스 왕에게는 미르라라는 딸이 하나 있었는데, 어찌 된 일인지 미르라가 아프로디테를 모욕하고 말았다. 그러자 여신은 그 벌로 미르라에게 아버지를 향해 강렬한 욕정을 느끼도록 주문을 걸었다. 키니라스는 딸의 유혹에 저항하지 못해 속수무책으로 넘어갔고, 결국 딸과 동침했다. 아프로디테는 미르라를 가엾게 여겨서 몰약 나무로 만들어주었다(도금양으로 만들었다는 이야기도 있다). 이 나무에서 훗날 아프로디테의 마음을 찢어놓을 반인반신 목동 아도니스가 태어났다(바빌로니아의 이난나가 인간 목동 두무지를 사랑했다는 신화와 같은 내용이다). 매해 열리는 키니라스 축제에서 사람들은 키니라스와 미르라의 근친상간을 기념했다. 쾌락과 고통, 성과 죽음이 모두 뒤섞여 있는 이야기다.

충격적인 내용을 담은 신화이지만, 이야기의 중심에 공포 요소가 있다는 점에서 그리스신화답다. 고대 사람들은 욕망이 우리를 어디로 몰고 갈 수 있는지 질문하기를 꺼리지 않았다. 아프로디테는 그저 얼굴이 고운 여신이 아니었다. 아프로디테는 인간 행동과 윤리적·문화적 딜레마를 반영하고 확대하는 거울이었다. 고대 사람들은 극단적인 열정과 욕망을 변명할 때마다 지나치게 자주 아프로디테-비너스를 구실로 내세웠다.

이제 새로운 문화는 이 여신을 탐욕스러운 야망과 끝없이 소유하고자 하는 욕망의 원동력으로 만들었다. 바로 아프로디테를 비너스로 바꾼 전능한 로마인들의 이야기다.

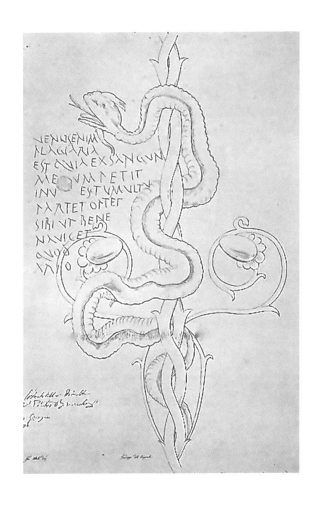

폼페이 유적에 남은 그라피토graffito*의 사본, 18세기.
어머니가 아들에게 '거미줄을 치는 자' 비너스를 조심하라고 경고하는 내용이다.

* 건축물에 당시 사람들이 남긴 글이나 그림(옮긴이 주).

7

비너스와 무한한 제국

로마 세계관의 중심에는 늘 비너스가 있었다

비너스는 모든 존재에

'다가오는 *venire* ' 여신이라는 의미로

우리나라 사람들이 붙인 이름이다.

여신의 이름이 '아름다움 *venustas* '이라는 말에서

비롯한 것이 아니라,

반대로 아름다움이라는 말이

여신의 이름에서 비롯했다.*

아프로디테는 고대 로마 세계에서 비너스라는 새 이름을 얻었다. 비너스의 삶은 인류사에서 욕망이 하는 역할을 분명하게 드러내준다. 비너스는 고대 로마 서사의 중심이었다. 이것은 우연이 아니라, 매우 중요한 사실이다.

　사랑의 여신에 관한 가장 핵심적인 로마의 신화·역사를 요

---

*　　키케로, 《신들의 본성에 관하여De Natura Deorum》, 2권.

약하면 다음과 같다. 애인들과 밀회를 즐겼던 아프로디테-비너스는 이번에는 매력적이고 조금은 거친 인간, 트로이의 양치기 안키세스와 열정 넘치는 하룻밤을 보냈다. 아프로디테-비너스가 이다산과 파포스 성소에서 쫓아다녔던 남자가 바로 안키세스였다. 여신이 너무나 아름답게 차려입고 향기롭게 꾸민 것도 다 안키세스를 위해서였다(아프로디테-비너스가 필멸의 인간 안키세스에게 푹 빠진 것은 그녀가 전쟁의 신 아레스-마르스와 불륜을 저지른 데에 대한 올림포스 신들의 처벌이었다). 이렇게 신과 인간이 결합해서 태어난 존재가 트로이의 영웅 아이네이아스다. 그는 트로이전쟁으로 파괴된 고국에서 떠나 백성들을 위해 새로운 땅을 찾아 나섰다. 갖가지 모험을 겪고 카르타고의 여왕 디도의 마음마저 찢어놓은 뒤 그는 마침내 이탈리아 중부 라티움에 도착했다(아이네이아스와 함께 떠난 아들 이울로스의 이름을 로마식으로 바꾸면 이울루스 또는 율루스가 되고, 이는 카이사르를 배출한 귀족 가문의 이름 율리우스가 된다). 세월이 흐르고, 아이네이아스의 후손 가운데 진취적인 인물 로물루스가 새로운 도시 로마를 건설했다.

베르길리우스의 웅장한 서사시 《아이네이스》 1권에서 비너스는 아이네이아스의 운명이 로마인을 위해 "한계가 없는 제국"을 건설하는 것이라고 말한다. 오늘날 튀니지에 있는 카르타고 도시 유적 한가운데서 이 대목을 읽으면 완전히 무너져내린 돌무더기에서 로마의 야망이 여전히 고동치는 것을 느낄 수 있다. 기원전 2세기에 로마인들은 이곳에서 엿새 동안 밤낮으로 지금으로 치면 전쟁 범죄나 다름없는 일을 저질렀다. 마침내 카르타고를 무너뜨리고 영토를 장악한 로마는 지중해 패권을 쥐고 초강대국의 길로 들어섰다. 폭력의 결과로 태어난 여신이자, 전쟁의 신 아레스-마르스를 연인으로 선택한 비너스는 로마가 가까이하기에 딱 알맞은 신이었다.

초기의 로마 원주민은 일종의 로마 토착 아프로디테라 할 수 있는 풍요의 여신 비너스를 오랫동안 숭배했다(그럴듯하게도, 비너스의 산스크리트어 어원 '바나스ᵛᵃⁿᵃˢ'는 욕망을 뜻한다. 이 단어는 '얻고자 애쓰다', '바라다', '욕망하다', '사랑하다'를 의미하는 인도-유럽 공통 조어 'wen'에서 유래했다). 기원전 295년경부터 베누스 옵세퀜스ᵛᵉⁿᵘˢ ᴼᵇˢᵉ𐞥ᵘᵉⁿˢ, 관대한 비너스는 로마 도시가 건설된 일곱 구릉 가운데 가장 남쪽의 아벤티노 구릉에 세워진 신전에서 숭배받았다. 몹시 흥미롭게도, 로마의 역사가 리비우스는 당시에 여성의 성적 비행에 세금을 매겨 이 신전에 바치는 관행이 있었다고 전했다. 로마가 그리스 영토를 침략해 정복해가면서 로마인들은 그리스의 여신 아프로디테(그리고 페니키아의 여신 아스타르테)와 얽히게 되었고, 점차 로마의 비너스와 그리스의 아프로디테는 절묘하고 체계적으로 결합했다.

그리스에서 아프로디테를 도금양 꽃으로 장식했던 것처럼, 로마에서도 비너스 조각상과 여신을 숭배하는 자들의 머리와 가슴을 달콤한 향기를 풍기는 도금양 꽃으로 장식했다(로마 일부 지방에서는 여성의 성기를 도금양, 즉 '뮈르투스myrtus'로 부르기도 했다). 로마인들은 카르타고와 혹독했던 포에니전쟁을 치르는 동안, 아프로디테의 동양 출신 할머니이자 북아프리카 여신인 아스타르테를 카르타고의 비너스라고 믿었다. 그래서 시칠리아 에리체산에 있는 카르타고인 정착지에서 여신상을 빼앗아 로마로 가져갔다. 이 동양 출신 비너스를 모시는 사원이 로마의 카피톨리노 언덕에 들어섰다. 비너스가 어떤 모습이든, 토착 여신이든 외국 여신이든, 로마인은 이 여신의 군사력과 전쟁을 일으키는 충동을 제 것으로 만들고 싶어 했다. 아프로디테가 다스리던 땅을 식민지로 삼는 일은 로마가 세계 정복 계획을 따라 의도적으로 먼저 수행한 과업이었다. 그리고 비너스는 정말 로마의 정복 과정에서 강력한 협력자가 되어주었다.

고대 그리스 세계에서 아프로디테를 추앙하던 이들은 대개 여성이었지만 로마에서 비너스는 여성과 남성 모두를 위한 신이었다. 로마에서는 비너스를 기리는 주요한 축제가 1년에 네 번 열렸다. 4월 1일에는 베네랄리아Veneralia 축제를 열었으며, 사람들은 자연계가 생기를 되찾는 봄을 맞아 여신상을 깨끗하게 대청소했다. 4월 22일에는 비날리아 우르바나Vinalia Urbana 축제를 열어 겨울의 끝을 축하하며 와인을 마셨고, 매춘부들은 여신에게 민트와 도금양, 장미를 엮어 만든 화환을 바쳤다. 8월 19일에

루벤스, 〈비너스 축제Feast of Venus〉, 1635년경.
루벤스가 상상한 베네랄리아 축제.

는 추수와 포도 으깨기를 앞두고 텃밭과 농원, 포도밭 등에서 비날리아 루스티카Vinalia Rustica 축제를 열었다. 기원전 46년부터는 9월 26일에 베누스 제네트릭스Venus Genetrix, 로마인의 어머니이자 조상인 비너스를 기렸다. 로마인들에게 비너스는 궁궐의 화려한 홀이나 길거리나 어디서든 만날 수 있는 여신이었다.

로마의 근육질 남성들은 이 여신의 매력을 알아보고 곧 비너스와 내밀한 관계를 맺기 시작했다. 호전적인 장군 술라는 자기 자신을 '비너스에게 총애받는 자'라고 일컬었다(술라가 폼페이를 비너스의 보호를 받는 도시로 재건했다는 사실을 잊지 말자). 술라는 로마의 마르스 빅토르Mars Victor(승리의 마르스) 신전 옆에 베누스 펠릭스Venus Felix(행운의 비너스) 신전도 지었다. 또한 로마의 정치가이자 장군이었던 폼페이우스도 비너스를 기리는 성소를 지었고, 여신에게 '베누스 빅트릭스Venus Victrix', 즉 승리의 비너스라는 이름을 붙였다.

하지만 사랑과 전쟁의 여신을 그 누구보다도 열렬히 받아들인 이는 바로 율리우스 카이사르였다. 기원전 48년 카이사르와 폼페이우스가 패권을 두고 벌인 결전, 파르살루스 전투를 앞두고 두 장군은 비너스에게 각자 자기에게 힘을 실어달라고 기원했다. 그러나 율리우스 카이사르는 자신이 비너스의 후손이므로 더 유리하다고 주장했다. 아프로디테는 아이네이아스를 낳았고, 아이네이아스는 이올로스(로마식으로는 율루스)를 낳았다. 이올로스는 율리우스 왕조를 세웠고, 이 왕조가 곧 카이사르의 가문이다. 카이사르는 고모 율리아를 추도하는 연설에서 로마 시민들에게 자신의 집안이 신의 후손이며, 로마의 모태가 되는 율리우스 가문이라고 공공연히 일깨워주었다.

마침내 기원전 46년, 카이사르는 독재관이 되었고, 폼페이우스가 지은 비너스 기념물을 차지했다. 그해 9월 26일, 그는 로마 중심부에 거대한 신전을 지어 베누스 제네트릭스에게 바쳤다. 신전에는 그의 연인이었던 이집트 여왕 클레오파트라 7세를 본뜬 여신상을 세웠다. 오늘날에도 부러진 신전의 기둥이 로마 포럼에 남아 있다. 카이사르는 이즈음부터 전사 복장을 한 비너스가 새겨진 반지를 자랑스럽게 내보이기 시작했다. 그리고 한 면에는 비너스가, 다른 면에는 아버지 안키세스를 업은 아이네이아스가 새겨진 동전도 만들었다. 로마 공화정 말기의 정치가이자 연설가인 마르쿠스 카엘리우스 루푸스Marcus Caelius Rufus는 기원전 49년에 키케로에게 편지를 쓰면서 카이사르를 다소 조롱하듯이 '베네레 프로그나투스Venere prognatus', 즉 비너스의 후손이라고 불렀다. 역사가 카시우스 디오는 카이사르가 자신의 피부가 매끄러운 것은 천상의 아름다움을 간직한 조상 덕분이라고 말했다는 일화를 유쾌하게 기록했다.

카이사르는 비너스가 예언했던 미래가 실현될 수 있도록 제국의 발판을 굳건히 다져놓았다. 그는 아프로디테-비너스가 호전적이며 전쟁에 유능하다는 점을 상기시키며 비너스를 숭배하도록 명령했다. 카이사르의 뒤를 이은 로마의 지배자와 황제들은 최고의 아프로디테 성소가 있는 팔레오 파포스로 몰려가서 여신의 은총을 바라며 결코 패배해서는 안 될 전쟁에서 승리하게 해달라고 기원했다. 제국 전역에 비너스와 연인 마르스를 모시는 신전이 우후죽순으로 생겨났다. 고대 로마 예술에서 점차 비너스는 벌거벗은 모습뿐만 아니라 무장한 모습으로 묘사되었다.

　　로마 제국이 팽창하면서 아프로디테-비너스가 다스리는 땅도 함께 팽창했다. 오늘날 터키 남서부에 있는 헬레니즘 도시 유적 아프로디시아스에서는 새로운 발굴 작업이 계속 이어지고 있다. 이곳의 유적을 보면 아프로디테-비너스가 왜 제국의 후원자였는지 알 수 있다. 높은 고원 위, 산과 포플러나무로 둘러싸인 이 매혹적인 고대 도시는 아프로디테에게 바쳐진 곳이다. 아프로디시아스는 아프로디테 신전을 중심으로 한 드넓은 복합단지와 호화로운 여신상으로 가득했다. 아프로디테-비너스는 기원전 3세기부터 이곳에서 숭배받았는데, 아마 이때부터 이 지방에서 원래 숭상했던 만물의 어머니 대자연 여신과 결합되기 시작했을 것이다. 이 여신은 폴리스 전역에서 공물을 받는 특권을 누렸고, 성스러운 아우구스투스와 함께 경배받았다.

　　대리석 조각상과 채석장으로 몹시 유명한 아프로디시아스

검으로 무장한 비너스(아프로디테). 2세기의 조각상을 16세기에 복원한 것이다.
비너스 곁에서 아들 큐피드가 어머니의 커다란 투구로 장난치고 있다.

에서 아프로디테–비너스를 못 보고 지나치기란 쉽지 않다. 도시 전역에 돌로 조각해놓은 여신상이 남아 있기 때문이다. 아기 에로스를 무릎에 올려둔 여신도 있고, 일어서 있는 여신도 있다. 우아한 드레스를 차려입은 거대한 조각상도 있고, 놀라운 서사(서로 복잡하게 얽힌 생명의 나무들, 염소와 용의 혼종 같은 바다 생명체를 타고 있는 정력적인 여신의 모습 등)를 담은 튜닉을 걸친 조각상도 있다. 인간을 상징하는 안드레이아^{Andreia}가 아프로디시아스의 화신에게 왕관을 씌워주는 장면을 새긴 부조도 있다. 이곳은 헬레니즘 시대부터 활기 넘치는 정착지였다. 쉽사리 잊을 수 없는 아름다운 이 유적지에는 지금까지도 여신의 신성이 강력한 힘을 미치고 있다.

1세기에는 이곳에서 차리톤^{Chariton}이라는 한 남자가 주변 환경에서 영감을 얻어 소설을 하나 쓴다. 차리톤은 아프로디테가 자신을 이끌어주는 신이라며, 강력한 여성 인물이 등장하는 사랑 이야기를 썼다. 로맨스 소설의 역사는 이 소설에서 출발해 지금까지 약 2천 년 동안 이어지고 있다고 할 수 있다. 차리톤의 소설을 기록한 파피루스 조각은 지금도 알아볼 수 있을 만큼 잘 보존되어 있다. 이 역사적 로맨스 소설의 주인공 칼리로에는 아프로디테를 연상시킨다.

또한 더 먼 과거에 풍요의 여신이자 자연의 어머니였던 아프로디테–비너스는 마르멜로와 사과, 도금양으로 만든 이 지방

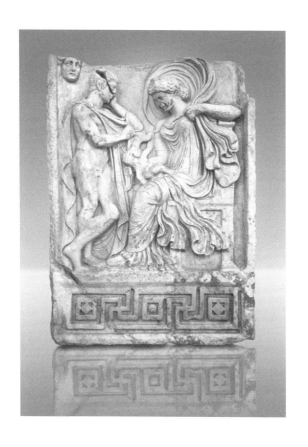

안키세스와 아프로디테 부조. 1세기.
안키세스가 연인 아프로디테를 바라보고 있고,
아프로디테는 자그마한 에로스를 무릎에 받치고 있다.
아프로디테 사원 복합 단지 세바스테이온 또는 아우구스테움에서 출토.

의 술에도 흔적을 남기고 있다. 요즘에도 아프로디시아스 지역 주민들은 이 술을 곧잘 마시며, 추수기에는 여행자와 낯선 이들과도 나눠 마신다.

세 대륙에 걸친 영토를 확보해 제국을 널리 확장한 로마 사람들은 아프로디테를 자기들의 신으로 만드는 데 성공했다. 역사가 카시우스 디오에 따르면 칼리굴라 황제는 비너스 여신처럼 옷을 차려입었으며, 가장 아꼈던 누이 드루실라를 '새로운 아프로디테'라고 선포했다고 한다. 그 목적이 제국의 뜻대로 사람들을 끌고 가는 것이든 아니면 사람들을 유혹하는 것이든, 로마의 정치 활동에서 아프로디테-비너스는 핵심적인 부분을 차지했으며, 로마 제국의 세계관을 표현하는 존재였다.

하지만 아프로디테를 새롭게 받아들인 땅 서양과 아프로디테가 태어난 고향 동양이 아프로디테 소유권을 두고 벌이는 다툼은 계속 이어질 터였다. 이 승부의 흥미로운 결과는 우리 시대에도 여전히 영향을 미치고 있다.

8

동양의 여왕

클레오파트라가 탐낸 여신의 권력

문법학자 헤스티아에아Hestiaea는

아프로디테 신전이 있는 평원이

'황금빛'이라 불린다고 말한다.

그래서 사람들은 이 신전을

황금빛 아프로디테 신전이라고 한다.*

북아프리카와 중동, 그중에서도 특히 이집트에서는 사랑의 여신
을 향한 애정이 조금도 사그라들지 않았다.

이집트의 지중해 연안 도시 알렉산드리아에서 아프로디
테-비너스는 프톨레마이오스 시대부터 계속해서 어마어마한 인
기를 누렸다. 겨울철 무시무시한 폭풍이 장관을 이룰 때, 여름철

---

*   헤스티아에아는 알렉산드리아 출신의 학자이자 고대 연구가다. 헤스티아에
아에 관해 알 수 있는 자료는 다른 작가들이 남긴 단편적인 글 네 편밖에 없
다. 여기서 인용한 부분은 호메로스의 《일리아스》에 관한 논평(기원전 5세기
~서기 7세기)을 모아놓은《디 스콜리아D-scholia》에 실려 있다.

뜨거운 태양이 눈부시게 반짝일 때, 알렉산드리아 해안 절벽을 따라 난 길을 한번 걸어보라. 우리는 경계가 없는 국제 도시이자 야망이 가득했던 이곳에서 아프로디테-비너스가 도시의 수호자로서 얼마나 사랑을 받았는지 쉽게 상상할 수 있다.

고대 이집트인들은 본래 이시스Isis 여신을 숭배하고 있었으나, 알렉산드로스 대왕과 그의 후계자들이 이 도시를 바꾸어놓으면서 이시스를 숭배하던 장소도 자주 형태가 변화했다. 그 덕분에 이집트 여신은 점점 그리스의 아프로디테를 닮아갔다. 알렉산드리아에서 내륙으로 조금만 들어가면 나오는 고대 무역 도시 나우크라티스(아프로디테 인생사를 이야기할 때 많이 언급했던 역사가 아테나이오스의 고향)를 살펴보자. 여기서 발굴된 유적과 유물을 보면 헌신적인 아프로디테 추종자들이 얼마나 진지하게 여신 숭배에 몰두했는지 알 수 있다.

지중해에서 무역으로 가장 부유했던 집안 출신이자 그 역시 막대한 부를 축적한 무역상이었던 아이기나의 소스트라토스Sostratos는 아프로디테에게 지중해 동부의 키오스섬에서 만든 아름다운 항아리를 바쳤다. 그보다 더 가난했던 어느 순례자도 여신에게 당시 이집트의 일반적인 제물이었던 숟가락을 바쳤다. 북아프리카 해안 지방에서 주로 활동했던 헤로스트라토스Herostratos라는 상인의 이야기 또한 아프로디테를 숭배했던 사람들의 열렬한 마음을 잘 보여준다. 헤로스트라토스는 알렉산드리아에서 사이프러스 파포스로 떠나는 길에 작은 아프로디테 조각상을 들고 갔는데, 폭풍이라는 죽을 고비를 겪고도 무사히 살아남았다. 알렉산드리아로 다시 돌아온 그는 그 조각상을 여신에게 바쳤고, 아프로디테 신전에서 연회를 열어 가족과 가까운 친구들을 초대했다. 헤로스트라토스와 지인들은 아마도 양이나 염소, 돼지를 여러 마리 잡고 와인도 거나하게 마셨을 것이다.

게다가 알렉산드리아에서는 프톨레마이오스 왕조의 왕위 계승을 기념하는 대축제 프톨레마이아를 열 때도 아프로디테를 기렸다고 한다. 기록에 따르면 축제 기간 동안 사람들은 보석으로 뒤덮은 너비 36.5m짜리 도금양 화환(여신과 여성 생식기를 상징한다)과 끝에 별 모양 장식을 단 높이 24m짜리 황금 남근상을 들고 거리를 돌며 행진했다.

얼마 전에 이집트 카노포스 인근 해안에서 여신상 하나가 발견되었다. 공식적으로 이 조각상은 프톨레마이오스 왕가의 여왕 아르시노에 2세를 표현한 것이었지만, 여왕은 사랑의 여신과 똑같은 모습을 하고 있었다. 바다에서 건져 올린 이 작품은 정말로 예사롭지 않다. 가까이서 자세히 살펴보면, 언마한 검은 화강섬록암에서 마치 새틴 같은 광택이 흐른다. 물에 젖은 것처럼 조각된 옷자락이 신성한 여왕의 아름답고 탄탄한 몸에 찰싹 달라붙어 있다. 몹시 매혹적이다. 물을 머금은 드레스 너머로 여왕의 젖꼭지가 또렷하게 보인다. 뱃사람들이 안전하게 고향의 항구로 돌아오는 모습을 지켜보는 여신이자, 그들이 항구에 도착해서 만날 매춘부들을 보호하는 이 여신은 사람들의 판타지에 꼭 들어맞는 존재였다.

알렉산드리아의 부유한 집안에서는 딸을 시집보낼 때 아프로디테-비너스 소형 조각상을 지참금에 포함했다. 상 이집트와 하 이집트 전역에는 아프로디테의 이름을 딴 도시가 무려 21곳이나 있었다. 알렉산드리아를 고향이라고 불렀던 클레오파트라 7세(아르시노에 2세의 후손)는 성애와 권력의 현신인 여신과 자신의 연관성을 적극적으로 활용했다. 이 이집트 여왕은 자기가 고대 그리스·로마의 아프로디테-비너스와 이집트의 이시스를 하나로 합친 존재라고 자처했다. 클레오파트라 7세는 황금빛 샌들을 신고, 향수를 짙게 뿌리고, 금빛이 도는 곱슬곱슬한 적갈색 머리카락을 목덜미로 늘어뜨려 살아 있는 비너스처럼 꾸몄다(이 패션은 엄청나게 인기를 끌어서 수많은 로마 여성이 따라 했다. 섬뜩하게도 로마 여인들은 생포한 게르만 노예의 머리카락을 잘라서 부분 가발을 만들어 썼다). 전체 내용을 알 수 없어 안타깝지만, 현재 베를린에 이와 관련된 파피루스 기록이 보관되어 있다. 이 기록은 클레오파트라가 이집트 일부 지역에서 아프로디테-비너스로 숭배받았다는 사실을 암시한다.

클레오파트라는 아들 카이사리온에게 생부 카이사르를 보여주려고 로마를 방문했을 때, 수도에 들어선 베누스 제네트릭스 신전에서 자신을 여신으로 형상화한 조각상을 보았다. 훗날 그녀는 또 다른 로마인 마르쿠스 안토니우스와 사랑에 빠지게 된다. 클레오파트라는 향락을 즐기는 이 파티광 장군을 만나러 오늘날 터키 남부에 있는 타르수스로 가면서, 디오니소스를 만나러 가는 아프로디테처럼 꾸몄다고 한다. 배를 타고 키드노스 강을 따라 올라가는 그 모습은 꽤 인상적이었을 것이다.

뱃머리에 황금을 칠한 배에 자줏빛 돛을 펼치고, 피리 연주와 어우러진 플루트 소리에 맞춰 은으로 만든 노를 저어 왔다. 그녀(클레오파트라)는 그림 속 아프로디테처럼 꾸미고서 번쩍이는 금박으로 장식한 차양 아래에 누워 있었다. 양옆에는 큐피드를 닮은 미소년들이 서서 부채로 바람을 솔솔 불어주었다. 아름다운 시녀들은 바다 요정 네레이스와 우미의 여신이 입는 드레스를 입고서 뱃전 울타리에 서 있었다. 배에서 풍겨 나온 다채로운 향기가 강기슭까지 흘러갔다. 강어귀 양쪽에서 포플러나무가 그녀를 맞이했고, 그 장관을 구경하러 사람들이 구름처럼 몰려왔다. 붐비는 인파가 시장에서 쏟아져 나왔고, 마침내 집정관 자리에 앉아 있는 안토니우스만 홀로 남았다.*

* 플루타르코스, 《플루타르코스 영웅전》, 안토니우스 편.

이 대목에는 정치적 의도가 실려 있지만, 아프로디테-비너스가 수호하는 육체적 사랑의 쾌락과 유혹에 바치는 경의도 담겨 있다. 클레오파트라는 일부러 배에서 내리지 않겠다고 고집을 부렸다. 마르쿠스 안토니우스가 몸소 그녀에게 와야만 했다. 안토니우스는 클레오파트라의 대담한 배짱을 이길 수 없었다. 그렇게 고대 역사에서 가장 유명한 연애가 시작되었다.

두 사람의 사랑이 무르익자 안토니우스는 클레오파트라에게 사랑의 증표로 여신과 관련된 장소인 사이프러스를 넘겨주었다. 사이프러스에는 고대 로마 시대에 만들어진 모자이크 작품이 아직 남아 있다. 클레오파트라가 그 위를 걸었을지도 모를 모자이크 바닥 중에는 아프로디테-비너스가 그려져 있는 작품이 많다. 목욕하는 아프로디테도 있고, 무장한 아프로디테도 있다. 레다와 백조 이야기를 묘사한 그림도 있다(스파르타 왕비 레다는 백조로 변신해 접근한 제우스와 사랑에 빠지는 바람에 헬레네를 낳았다. 이 불운한 사랑은 욕정과 욕망에 힘입어 세상의 판도를 바꾼 트로이전쟁을 일으켰다). 로마 시대에 이 지역은 '네아 파포스', 즉 새로운 파포스로 불리며 아프로디테-비너스와 관련된 관광지로 크게 번성했다. 여행객은 네아 파포스의 편안한 숙소에서 머물며 당시로서도 수천 년이나 된 팔레오 파포스의 성소를 방문하고 여신에게 경배드렸다.

그러므로 아프로디테는 여전히 권력의 상징이며, 물리적이고 초자연적인 힘의 표식이었다. 나일강에 떠 있는 프톨레마이오스 왕가의 왕실 유람선에 아프로디테를 모시는 돔 지붕 사당과 여신상이 설치된 데에도 그럴 만한 이유가 있었던 셈이다. 그러나 그때 미묘한 변화가 일어났다. 클레오파트라와 마르쿠스 안토니우스가 죽자, 곧 아우구스투스 황제가 될 젊은 옥타비아누스는 로마 영토뿐만 아니라 여신의 도덕적 특징까지 손아귀에 넣었다.

아우구스투스는 자기를 새긴 동전이나 조각상을 만들 때마다 자신을 너그럽고 덕망 높은 사내로 표현했다. 더불어 아우구스투스가 재위하던 시기에 로마의 부유한 가정에서는 비너스가 나오는 작품이 장식품으로 큰 인기를 끌었다.

비너스 이미지는 불어나는 로마 시민들에게 그들이 쾌락으로 가득한 '황금기'에 살고 있다고 말해주는 제국의 표식이었다. 그런데 아우구스투스가 비너스 숭배 문화를 유지했음에도 벌거벗은 비너스 이미지는 목욕탕이나 가정의 식당, 욕실처럼 사적인 공간에서 갈수록 더 많이 나타났다. 운 좋게도 나는 이런 변화를 잘 보여주는 섬세한 프레스코화 조각을 관찰한 적이 있다. 아름답고 가볍게 채색된 이 그림은 움직임과 가능성으로 충만하다. 이제 아프로디테-비너스는 우리가 원칙상 감추어야 하는 어떤 것들을 상징하는 존재로 바뀌고 있었다. 바로 향락에 젖은 트리페tryphé, 호화롭고 윤택한 삶이었다.

한때 아스타르테의 거처였던 요르단의 페트라에서 얼마 전에 세련되고 관능적인 비너스 조각상이 발견되었다. 나바테아 사람들이 건설하고 후에 로마 사람들이 점령한 이 도시는 넋을 잃을 만큼 아름다운 경치를 자랑한다. 불그스레한 사암 바위산을 정교하게 깎아낸 유적에서 새하얀 석회암으로 만들어진 여신의 모습이 반짝거린다. 근처에서는 베두인족 소년들이 낙타를 타고 지나가거나, 말이나 당나귀를 타고 경주를 벌인다.

페트라 북부 산등성이에서 발견된 이 아프로디테-비너스 조각상에는 조금 불가사의한 면이 있다. 여신은 벌거벗고 있고, 머리카락을 정성스럽게 매만져서 높이 틀어 올렸다. 그런데 왜 벌거벗은 여신이 비교적 소박한 가정의 계단 옆쪽에서 발견된 걸까?

당시 이 지방은 로마 제국의 속주로서 아라비아라고 불렸다. 디오니소스-바쿠스와 함께 꾸준히 숭배받았던 이 매혹적인 여신은 결국 아라비아의 일반적인 가정 안까지 들어왔다. 집안에 작은 비너스 예술품을 두었던 폼페이 사람들을 보는 듯하다. 로마인은 먼저 무너졌던 '고대' 그리스의 예술과 문화를 자신들도 제대로 이해하고 감상할 수 있다는 사실을 증명했다.

시리아와 맞닿은 요르단의 북쪽 국경 근처, 제라시 유적에서도 또 다른 아프로디테-비너스 조각상이 발견되었다. 제라시 유적지에는 발굴할 유물이 아직도 더욱 많이 남아 있다. 또한 최근에는 ISIS 조직원들이 약탈해서 암거래하던 유물들을 되찾았는데 그 유물들 가운데는 아프로디테-비너스 조각상의 머리도 있었다. 서글프게도 한때 전쟁을 상징했던 여신은 성스러운 전쟁이라는 미명에 눈이 먼 이들에게 목이 잘렸고, 이제는 돈을 목적으로 거래되고 있었다. 하지만 시리아와 리비아, 예멘에서 ISIS가 훔친 아프로디테와 비너스 예술품을 회수했다는 사실은 기이하게도 이 여신의 영향력이 어디까지 미쳤는지 보여주는 지표가 된다.

로마 제국의 일부 지역에서 비너스는 아마도 누드모델에 더 가까운 존재가 되었을 테지만, 그렇다고 해서 태고부터 약동하던 비너스의 근본적 힘이 완전히 사라진 것은 아니었다. 고대 로마의 역사가 타키투스는 1세기 초에 팔레오 파포스의 아프로디테 성소를 방문한 티투스 황제가 여신을 상징하는 거대한 원뿔 바위를 직접 볼 생각에 겁에 질렸다고 전했다. 그 바위는 어슴푸레한 잿빛이지만 흰색 물감을 칠하고 올리브유를 발라놓은 상징물이었다. 19세기에 들어와 팔레오 파포스 유적지 근처에서 둥글게 깎인 화성암이 하나 발견되었는데, 얼마 후 다들 이 바위를 '아프로디테 바위'라고 불렀다. 요즘에도 여행객들은 호기심에 차서 이 바위를 보러 온다.

타키투스가 티투스 황제의 일화를 글로 남길 무렵에 주조된 동전에도 거석^{巨石}으로 변장한 여신의 모습이 나타난다. 여신의 성소에서 바위를 꽃으로 장식하고 숭배했다는 기록도 남아 있다. 이는 풍요의 신을 숭배하던 원시시대의 자취다. 청동기시대 사이프러스에 세워진 다른 아프로디테 성소에서도 성스러운 거석을 찾아볼 수 있다. 타키투스가 불쾌감에 가까운 호기심을 억누르지 못하고 말했듯이, "이런 모습을 한 여신의 기원은 모호하다".* 아프로디테 숭배는 어딘가 불길하고, 조금은 위협적이기까지 한 무언가를 불러왔다.

하드리아누스 황제가 예루살렘의 골고다(아람어로 '해골의 땅'이라는 뜻)에 비너스 신전을 지은 데에도 다 그럴 만한 이유가 있었다. 골고다의 비너스 신전은 그가 135년에 로마의 벨리아 구릉에 세운 '비너스와 로마 신전^{Temple of Venus and Rome}'과 짝을 이룬다. 구체적으로 이유를 말하자면 하드리아누스는 유대인 반역자 예수가 묻힌 동굴에서 공명하는 소리를 파묻어버리고자 비너스가 지닌 어둠의 마법을 이용하려 했다.

아우구스투스가 최선을 다해 노력했지만, 결론적으로 아프로디테-비너스는 여전히 고향 땅 동양은 물론이고 중부와 남부 유럽 전역에서 대담하게 사람들을 통치했다. 그러나 고난이 여

---

*   타키투스, 《역사Histories》, 2권.

신을 기다리고 있었다. 평화를 주장하고 욕망을 반대하는 남성
신이 등장했기 때문이다.

9

중세의 비너스

성모 마리아의 모습으로 살아남다

우아한 아프로디테를 노래하리라.

황금 왕관을 쓴 아름다운 여신이 다스리는 땅은

성벽을 두른 도시라네.*

—

빛나는 키프리스 가까이에서, 밝은 청동 위로

아름다움을 방울방울 떨어뜨리네.

그녀는 가슴을 드러낸 채 부드러운 넓적다리를 옷자락으로 감싸고,

황금 베일로 머리 타래를 묶었다네. (…)

나는 또 다른 고귀한 황금빛 아프로디테도 보았지.

벌거벗은 모습이 환히 빛났다네.

목덜미에 둘러놓은 구불거리는 허리띠가 젖가슴 위로

물 흐르듯 늘어져 있었네. (…)

나는 세 번째 황금빛의 아프로디테를 보고 또 경탄했지.

망토로 엉덩이를 가리고 있었다네.

* 《호메로스 찬가》, 6편.

구부러진 허리띠를 가슴께에 느슨하게 두르고 있었고,

그 허리띠에 아름다움이 감돌았네.*

—

이교도 사내와 아낙들이

키프리스 조각상과 횃불과 향로를 들고

난잡한 환각에 빠져서 춤을 추며

성스러운 교회 근처를 지나갔다.

성인께서 그들의 소리를 듣고 성직자들과 함께

밖으로 나가서, 우상을 부수고 그들에게 수치를 알려주셨다. (…)**

요르단의 고원 도시 마다바는 모자이크 예술품으로 유명하다. 고대 사람이든 현대 사람이든 이 도시로 떼를 지어 몰려온 여행객은 세상에서 가장 오래됐다는 모자이크 지도를 보고 경탄을 감추지 못한다. 무려 542년부터 만들어진 마다바 지도는 기독교 세계의 핵심 지역들을 자세하게 보여준다. 지도는 북쪽이 아닌 동쪽이 윗부분에 있으며, 비잔티움 황제 유스티니아누스 1세

---

* 《그리스 사화집》, 2권. 이집트의 크리스토도로스가 기독교 도시 콘스탄티노플에 위치한 제우시포스 목욕탕Baths of Zeuxippos 속 아프로디테 조각상을 묘사했다.

** 자선가 성 요한, 《성 티콘의 생애The Life of St Tychon》.

가 테오토코스^{Theotokos}, 즉 신의 어머니 마리아에게 봉헌한 예루살렘 교회를 중심으로 그려졌다.

그런데 이 예스럽고 활기찬 작은 도시에는 모자이크 지도의 인지도에 밀려 소홀히 취급받지만 그에 못지않게 흥미로운 모자이크 작품이 하나 있다. 교회 바닥에 깔린 이 보물 같은 작품을 보려면 좁은 골목길을 굽이굽이 걸어가야 한다. 만약 여느 관광객과는 다르게 이 모자이크에 관심을 기울이는 사람을 보면 유적 경비원들이 놀라면서도 즐거워할 것이다. 고양이들이 일광욕을 즐기는 안뜰을 건너 뒤편으로 가보라. 그곳에는 눈을 뗄 수 없을 만큼 아름다운 사랑의 여신 모자이크가 있다. 홀의 바닥 전체를 뒤덮은 모자이크 속에서 통통하고 생기 넘치는 아프로디테가 연인 아도니스와 함께 앉아 있다. 여신의 발치에는 벌집이 뒤집혀 있는데, 이는 사랑과 섹스가 꿀처럼 달콤하면서도 얼얼하고 쓰라리다는 것을 일깨워준다.

이 모자이크에 드러난 용솟음치는 열정과 음탕한 쾌락은 수 세기 동안 감춰져 있었다. 아프로디테-비너스의 흡인력을 알아챈 기독교가 몇 번이고 되풀이해서 여신이 지상에 머무는 거처를 밀고 그 위에 거대한 예배당을 짓고, 여신의 기억을 억누르거나 다른 것으로 바꾸어놓으려고 했기 때문이다.

새로운 기독교 문화가 맹위를 떨치면서 욕망과 성애와 갈등의 여신이 극도로 나쁜 대접을 받게 되었으리라는 것은 쉽게 예상할 수 있다. 아프로디테-비너스는 확실히 기독교가 노여워했던 대상이었다. 주요 교부 가운데 한 명인 알렉산드리아의 클레멘스는 아프로디테 숭배, 특히 엉덩이가 아름다운 아프로디테를 추앙하는 문화를 비난하는 글을 썼다. 아테네에 있던 유명한 아프로디테 조각상 중 하나가 훼손당하기도 했다. 이마에는 십자가가 새겨졌고, 조각가가 세심한 손길로 사실적으로 조각했을 젖꼭지는 도려내어졌다. 이집트 멤피스에 있던 아프로디테 조각상은 낙타 등에 실려서 머나먼 사막 길을 거쳐 알렉산드리아 북부 해안까지 끌려갔다. 그리고 한때는 위엄 있는 모습으로 사람들을 지배했던 그곳에서 공개적으로 조롱을 받았다.

레바논의 베카 계곡에 있는 바알베크로 가보자. 요즘에는 마약 재벌들과 그들의 사병 조직이 휩쓸고 있어 민간인이 함부로 다닐 수 없는 곳이 되었지만, 이 고대 도시에도 아프로디테를 모시는 작고 아름다운 동굴 형태 사원이 있었다. 둥근 곡선미가 돋보이는 이 건물은 님파에움nymphaeum*으로도 묘사된다. 북아프리카 출신의 로마 황제 셉티미우스 세베루스가 이 신전을 처음 건설했지만, 훗날 콘스탄티누스 대제가 다시 이곳을 폐쇄했다. 원래 아스타르테에게 바쳐진 섬세하고 우아한 건물은 이제 겨우 흔적만 남아 있다. 홀로 남아 있는 건물 뒷부분은 마치 잘

---

*   동굴에 샘이나 분수를 만들고 님프에게 바친 성소(옮긴이 주).

게 부서진 마지막 웨딩 케이크 조각처럼 보인다. 기독교 연대기 작가인 카이사레아의 에우세비우스는 이곳의 신성한 매춘 관행을 두려워하며 이렇게 기록했다. "수치를 모르는 여신을 기리겠다며 남녀 모두 앞다투어 나섰다. 아스타르테를 기쁘게 하려고 남편과 아버지가 공공연하게 아내와 딸이 매춘하도록 만들었다!"** 하지만 아프로디테 신전은 그냥 버려두기에는 너무 매력적인 공간이었다. 이곳의 신전은 교회로 바뀌었고, 마침내 레바논 출신의 카톨릭 성녀 바르바라에게 봉헌되었다. 오늘날 이 유적지는 울타리만 남은 폐허가 되었다. 동네 행상들이 엽서 같은 것들을 팔고 있지만 방문객은 별로 없다.

로마 제국이 기독교를 받아들이자 아프로디테 신전은 기독교 예배당으로 변해갔다. 부유한 도시 아프로디시아스의 화려한 아프로디테 신전은 말 그대로 안팎과 앞뒤가 뒤집혀서 장엄한 성 미카엘 성당이 되었다. 예루살렘의 주교는 제국 전역에서 진행된 재건 및 개축 프로그램에 동참했다. 예수가 십자가에 못 박힌 정확한 장소를 찾아내려는 과정에서 '우상으로 가득한 암흑의 성지, 아프로디테라는 불결한 악마'의 성소는 허물어지기 시작했다. 한때 매춘부들이 바글거렸던 코린토스의 아프로디테 신전은 성령을 모시는 성소로 바뀌었다. 주로 샘물 근처에 지어졌

** 에우세비우스,《콘스탄틴전Vita Constantini》, 3권.

던 신전은 이제 종교적 광채에 둘러싸여 새로운 방식으로 구원을 베풀고 삶을 지탱하는 곳이 되었다.

그런데 아프로디테는 공식적으로 여러 치욕을 당했음에도 기독교 제국의 심장부에서 사라지지 않았다. 콘스탄티누스 대제가 새로운 로마 제국을 건설할 때 거점으로 삼았던 콘스탄티노플이 더욱 그러했다. 이곳에서 테오도시우스 2세를 가까이서 모셨던 유력한 내시 시종장 라우소스Lausos는 아름다운 〈크니도스의 아프로디테〉 조각상을 수집해서 저택에 보기 좋게 진열해두었다. 애석하게도 아프로디테 조각상은 그곳에 오래 머물지 못하고, 475년에 라우소스의 호화 저택과 서재가 불에 탔을 때 세계 최고 수준의 다른 유물과 함께 사라지고 말았다. 제4차 십자군 원정 기사들이 비잔티움 제국의 수도에 불을 지르고 도시를 짓밟았던 1204년까지, 청동으로 만든 아프로디테 조각상은 콘스탄티노플 정치의 심장부인 의사당 바깥에 서 있었다. 게다가 아프로디테 이미지는 콘스탄티노플의 유명 공중목욕탕을 비롯한 제국 전역의 공중목욕탕에서 장식으로 사용되었다.

한편 그 시대 여인들은 자신이 간통을 범했는지 아닌지 확인받으려면 제우그마 언덕에 있는 아프로디테 조각상 앞을 걸어야 했다. 심지어 비잔티움 황제들의 친척도 그 앞을 걸어갔다(유스티누스 2세의 어느 인척은 정숙하지 못한 것으로 드러났고, 비밀을 고자질한 여신상은 황급히 파괴되었다). 그러니 아프로디테-비너스는 일종의 종교 혁명을 겪고도 살아남은 셈이다. 당시 사람들은 아프로디테 여신상이 악마적 힘을 내뿜는다고 믿고 있었다. 하지만 실상은 종교적 믿음이 부채질한 파괴가 더 흔했다.

5세기부터 교조적인 신념을 가진 사람들은 아프로디테-비너스 형상을 깨부수고, 불태우고, 쓰러뜨렸다. 고대 로마의 기독교 전기 작가인 마르쿠스 디아코누스Marcus Diaconus는 가자의 주교 포르피리우스가 폭도와 함께 교구의 제단에 있던 비너스 조각상을 제거했던 일을 기록했다. 마르쿠스는 처녀들이 결혼을 관장하는 비너스 우상에게 조언을 얻어 애인과 결혼했다가 나중에 결혼 생활에 실망해서 쓰라린 이혼을 겪었기 때문에 이러한 폭력 행위가 일어났다고 추측했다.

아프로디테의 평판은 문헌에서도 점점 변질되어갔다. 5세기 말과 6세기 초, 나일강 둑의 아름다운 마을 리코폴리스 출신인 기독교 작가 콜루투스Colluthus는 파리스의 심판을 들으러 이다산으로 간 아프로디테에 관해 글을 썼다. 그는 성적 매력이 흘러넘치는 향기로운 여신을 이렇게 묘사했다. "가슴이 깊이 파인 드레스를 들어 올려서 젖가슴을 공중에 드러내고서도 부끄러운 줄 몰랐다. 수많은 사랑이 감춰진 달콤한 허리띠를 두 손으로 들어 올려서 젖가슴을 다 내놓고도 전혀 조심하지 않았다."*

---

*   콜루투스, 《헬레네 납치Rape of Helen》.

하지만 4천 년이나 된 여신을 하룻밤에 폐위시키기란 어려운 법이다. 아프로디테는 파멸하지 않았다. 그저 다시 한번 모습을 바꾸었을 뿐이다. 아스타르테에서 아프로디테 그리고 비너스가 되기까지 이 여신은 4천 년 동안 끈질기게 생명을 이어갔다. 이 불굴의 생명력을 보면, 사람들은 초자연 세계의 중재자로서 자극과 위안을 주는 강력하고 연민 어린 여성을 언제나 원했다는 사실을 알 수 있다. 그러므로 우리의 예상과는 달리, 아프로디테는 기독교 풍토 속에서 종교 혁명을 거치고도 목숨을 잃지 않았다. 이번에는 아프로디테가 다름 아닌 동정녀 마리아의 외피를 두르고 재탄생했다.

사이프러스 중부의 트로오도스산맥으로 가보자. 잎이 무성한 플라타너스 사이로 산길을 오르면 파나기아 트로오디티사 수도원에서 에프티미오스 신부를 만날 수 있다. 그는 아마 수많은 여성이 보낸 감사 편지를 자랑스럽게 보여줄 것이다. 그들이 편지를 이토록 많이 받는 비결은 무엇일까? 바로 수도원 제단의 장식 뒤편에 있는 은 허리띠다. 성모 마리아가 축복을 내렸다는 이 허리띠에는 생명을 탄생시키는 힘이 깃들었다고 한다. 순결을 지키는 이 신부는 한 손에 휴대전화를 든 채 수도원에서 직접 만든 호두 절임을 건네며 이것이 마법의 허리띠가 아니라고 분명하게 말했다. 하지만 허리띠가 (아니면 허리띠가 고무하는 기도의 힘이) 정말로 효험이 있다는 것도 분명하게 밝혔다.

마사초, 〈낙원으로부터의 추방Expulsion of Adam and Eve from Eden〉,
피렌체 브란카치 예배당. 이브의 포즈는 〈크니도스의 아프로디테〉 조각상 때부터
유행했던 '베누스 푸디카Venus Pudica', 즉 '정숙한 비너스' 자세다.

그런데 이 수도원은 파나기아 아프로디티사 수도원이라는 이름으로도 알려져 있다. 9세기로 거슬러 올라가보면, 수도원이 있는 산비탈 전체는 한때 아프로디테 아크라이아Aphrodite Akraia,, 즉 높은 산의 아프로디테에게 바친 곳이었다. 수도원에 보관된 성물은 신화 속 아프로디테가 가슴께에 두른 화려한 허리띠 '케스토스 히마스kestos himas'와 놀라울 만큼 비슷하다. 여신은 이 허리띠 아래에 사랑의 힘을 감추어두고 있었다. 그야말로 마법의 허리띠였던 것이다.

중세 작가들은 마리아가 자신의 승천을 의심하는 성 도마에게 승천의 증거를 보여주려고 천국으로 가는 길에 허리띠를 떨어뜨렸다고 말한다. 마리아의 수태고지Annunciation 순간을 그린 유물에서 마리아 곁에 있는 새 역시 아프로디테가 가장 아꼈던 비둘기다. 또한 그리스 북부의 아토스산과 시리아, 사이프러스에서는 마리아가 아기 예수에게 '천상의 모유'를 먹이는 장면이 담긴 프레스코화가 발견되었다. 아이를 양육하고 보호하는 존재인 쿠로트로포스로서 아프로디테와 성모 마리아가 서로 같다는 사실은 명백하다.

12세기에는 아프로디테가 다스리던 팔레오 파포스에 성모 마리아를 위한 파나기아 카톨리키 교회가 들어섰다. 요즘에도 건강이 안 좋은 노파나 임신하지 못하는 젊은 여성들이 이교도 신전의 돌로 지어 올린 이 동방정교 교회에 와서 우유 한 잔이

로마의 프리실라 카타콤에 그려진 성모 마리아, 2세기 후반.
동방박사 이야기와 상관없이 성모 마리아와 아기 예수가 등장하는 최초의 그림.
왼쪽의 인물은 별을 가리키는 예언자 발람인 듯하다.

나 석류, 작은 케이크 등 소박한 제물을 바친다. 이들의 봉헌물
은 3천 년도 더 전에 아프로디테를 기렸던 이들의 제물과 똑 닮
았다.

나사렛의 마리아는 동양에서 태고부터 존재한 어머니이자
여신이었다. 이 여신은 얼굴이 전혀 바뀌지 않은 채 새로운 옷을
입고 나들이를 즐겼다. 사람들을 하나로 묶는 숭고한 여성의 힘
이 그 어느 때보다도 선명해지자, 중세 기독교인들은 이 여성과
맺은 인연을 감히 끊으려 하지 않았다.

선사시대 동양의 아프로디테-비너스 조상들은 도시가 문명을
정의하는 중요한 요소였을 때 등장하기 시작했다. 아프로디테는
고대 그리스·로마 시대부터 조화와 통일, 화합과 합일의 여신으
로 숭배받았으며, 그 이후로도 시종일관 도시 문화의 수호자로
여겨졌다. 이 여신은 남녀가 함께 살도록 격려하는 신이었다는
것을 잊지 말자.

아프로디테는 아테나와 더불어 서구 문명의 '청사진'인 아
테네를 수호하는 위대한 신으로 추앙받았다. 아테네 사람들은
아고라에 있는 밝게 채색된 아프로디테 제단에 염소를 바치며
여신을 기렸다. 발견된 유골로 판단해보건대, 염소를 정말 놀랄

만큼 많이 잡은 듯하다. 모든 사람의 아프로디테, 아프로디테 판데모스는 설득의 여신 페이토와 짝을 이루었다(직접민주주의 체제에서 민주주의자 시민들이 행복하게 어울리고 함께 정치를 해나가려면 설득이 아주 많이 필요하다). 아프로디테 판데모스가 파르테논 입구 바로 아래에 있는 성소에 머문다고 생각했던 사람들은 비교적 섬세하고 우아한 제물로 비둘기의 혀를 바쳤다. 아울러 아테네에서 다프니와 엘레우시스로 이어지는 신성한 길에서도 비둘기를 바쳐서 여신을 숭배했다. 한때 아프로디테가 다스렸던 이 땅에는 성모 마리아의 영면을 기리는 성소가 들어섰다.

2세기 후반에 활동한 그리스의 지리학자 파우사니아스는 아테네 일리소스강의 시원한 강둑에 아프로디테 엔 케포이스 Aphrodite en Kepois(정원의 아프로디테)에게 바친 신성한 정원이 있었다고 전한다. 아테네에는 아프로디테 우라니아 Aphrodite Ourania(천상의 아프로디테)에게 바치는 정원도 있었다.

아테네 아크로폴리스의 북쪽 경사지도 아프로디테에게 바친 곳이었다. 처녀들은 아프로디테를 기리며 굽이진 청동기시대 계단을 따라 이 암벽을 오르곤 했다. 파우사니아스는 처녀들이 바구니에 "말할 수 없는 것"*을 담고서 올라갔다고 기록했다. 이 계단은 지금도 남아 있지만, 위험하기도 하고, 박쥐는 물론

---

*   파우사니아스, 《그리스 안내기 Description of Greece》, 1권.

15세기 필사본에 그려진 천상의 베누스 우라니아 삽화.

아프로디테의 신성한 새들이 남겨놓은 배설물이 잔뜩 쌓여 있어 직접 조사하는 일은 금지되었다. 대신 아크로폴리스에 있는 붉은 화강암 바위벽 사이 좁은 길로 가면 운 좋게 사랑을 쟁취한 이들이나 그렇지 못한 이들이나 누구든지 여신에게 석류(아프로디테의 과일)를 제물로 바칠 수 있다. 예나 지금이나 아프로디테는 아테네에서 가장 아름다운 광경을 누리는 셈이다. 아테네를 수호하는 아프로디테는 전설에도 등장한다. 기원전 480년 그리스 함대와 페르시아 함대가 맞붙은 살라미스해전이 벌어졌을 때, 아프로디테가 비둘기로 변신해서 아테네 장군 테미스토클레스의 기함을 인도해 마침내 승리로 이끌었다는 이야기다.

아우구스투스 황제의 명령으로 제작된 로마 제국 전도, 포이팅거 지도Peutinger Map에도 여신의 흔적이 있다. 이 경이로운 지도에서 대도시 콘스탄티노플(오늘날의 이스탄불)의 수호신으로 표현된 신은 다름 아닌 아프로디테다. 최근 이스탄불에서는 보스포루스 해협 아래 도로와 철로를 건설하면서 발굴 작업을 하다가, 구멍 뚫린 굴이나 가리비 껍데기와 함께 여성들이 매장되어 있는 성소를 하나 발견했다. 조개껍데기는 선사시대부터 아프로디테 숭배의 상징이었다. 아프로디테는 지상에서 가장 규모와 영향력이 큰 대도시 중 하나이자, 동서양과 남북 지방의 가교였던 콘스탄티노플을 다스렸던 것이다. 이 도시는 '도시의 여왕'이나 '세상이 욕망하는 도시'라는 애정 어린 별명을 얻었다.

포이팅거 지도 속 콘스탄티노플의 수호신 아프로디테.
기원전 1세기에 제작, 서기 4세기에 수정된 원본의 13세기 복사본.

고대와 중세에 아프로디테-비너스는 계속해서 크고 작은 방식으로 자신의 존재감을 드러냈다. 여신은 고위급 정치와 고급 문화에서는 화합을 의미하는 이념으로, 평범한 가정집에서는 화장대 위 장식품으로 살아남았다. 4세기에서 14세기 사이에 만들어진 금, 은, 상아 장식품들을 보면 알 수 있듯, 목욕하거나 샌들을 신거나 머리카락을 빗는 아프로디테 이미지는 그 당시에 엄청난 인기를 끌었다. 이 여신은 단지 뀌업걸이 아니라, 화장품 상자나 결혼 선물을 장식하는 중심이었다.

　　창조하고, 짝짓고, 전쟁하려는 충동은 청동기 문명을 출발시켰다(모든 충동은 아프로디테-비너스와 다른 조상 여신들의 모습으로 포장되었다). 인간을 하나로 묶고 보호하는 아프로디테의 정신은 선사시대와 고대, 중세 시대에 도시와 시민들이 화합하도록 이끌었다. 탄생 후 4천 년 동안 이 여신은 돌과 은, 상아, 펜과 잉크, 양피지, 시와 산문, 심지어 기도문에서도 나타났으며, 중세인의 마음과 사상을 반영하는 창조물들의 산 증인이었다. 그리고 곧 아프로디테-비너스는 야망과 음란한 열정의 메타포가 아니라 순수주의 철학의 메타포가 될 참이었다.

10

르네상스를 빛낸 비너스

인문주의자들의 뮤즈가 되다

우리는 비너스가 확실히 양면적인 존재라는 사실을 읽었다.

하나는 적법한 여신이고, 다른 하나는 욕정의 여신이다.

적법한 비너스는 세상의 조화로움이다. (…)

하지만 수치를 모르는 비너스,

욕정의 여신은 육체의 강렬한 정욕이며,

모든 간음의 어머니다.*

어떤 이들은 아프로디테의 물질적이고 세속적인 면, 뜨거운 성
애와 관련된 모든 것을 잊어버리고 싶어 했다. 이런 사람들은 여
신에게서 순수하고 고결하며 정신적인 아름다움만 보려고 했는
데 그 덕분에 아프로디테는 뜻밖에도 르네상스 철학을 뒷받침
하는 존재가 되었다.

---

*   베르나르두스 실베스트리, 《베르길리우스의 아이네이스에 관한 논평Com-
mentary on the First Six Books of the Aeneid of Vergil》, '1권에 관하여'.

1453년에 오스만 제국의 군대가 콘스탄티노플을 함락한 후, 아프로디테에게 바치는《호메로스 찬가》를 비롯해 많은 고대 그리스 문헌의 필사본이 이탈리아로 건너갔다. 쏟아져 들어오는 고대 예술에 고무된 이들은 단지 고전 예술작품을 몇 조각 소유하는 것을 넘어서 깊이 이해하기를 바랐다. 그 덕분에 전문적인 고전학 자문업이 호황을 맞았다.

예를 들어서, 보티첼리를 후원했던 메디치 가문은 철학자이자 시인 겸 번역가였던 안젤로 폴리치아노와 가정교사이며 철학 전문가였던 마르실리오 피치노를 고용했다. 이런 전문가 가운데 일부는 학구적이고 엄격한 자세로 고전 해석에 접근했다(예를 들어 독일 르네상스 작가 게오르크 픽토리우스는 1532년에 발표한《신화적 신학Theologia mythologica》에 고대 로마의 문헌학자 마크로비우스의 매우 흥미로운 주장을 기록했다. 마크로비우스는 사이프러스에 턱수염과 남근이 달린 비너스가 존재했으며, 여성성과 남성성을 동시에 지닌 이 신에게 여자 옷을 입은 남자와 남자 옷을 입은 여자가 제물을 바치곤 했다고 단언했다).

반대로 더 추상적이고 관념적인 접근 방식을 취한 이들도 있었다. 신플라톤주의자였던 피치노는 단순한 물질에서 복잡한 메시지와 의미를 찾아내도록 격려했다. 한 예로 그는 우리가 그림을 감상할 때 그림 속 시각적인 세부 요소들이 더 높은 정신적 단계로 이끄는 발판이 되어 사고를 자극한다고 이야기했다.

보티첼리의 〈비너스와 마르스Venus and Mars〉가 바로 그런 그림이다. 이 작품에서 비너스는 우아함과 아름다움이라는 '여성적' 덕목을 대표하며, 전쟁의 신 마르스가 지닌 파괴적이고 남성적인 열정을 압도한다. 오늘날 미술관에서 수많은 르네상스 그림들을 떠받들어 전시해놓은 것처럼 〈비너스와 마르스〉도 원래는 침대 머리맡 헤드보드에 걸려 있었을 것이다. 그것도 아마 신혼부부의 침대였을 것이다. 비너스 뒤편에 보이는 도금양 잔가지는 그림 속 여인이 정말로 비너스임을, 그리고 비너스가 자신의 연인을 지배하고 있음을 알려준다. 피치노가 그림에서 이러한 사실을 읽어냈듯이 심지어 점성술에서도 "비너스(금성)가 마르스(화성)를 지배하며, 반대의 경우는 절대로 일어나지 않는다"고 말한다.

비너스와 마르스 주변의 야만스러운 사티로스들은 정신적인 사랑을 더럽히는 욕정의 위험을 상기시킨다. 말썽꾸러기 사티로스 하나가 산사나무 열매를 손에 쥐고 반짝반짝 윤이 나는 마르스의 흉갑 아래에 숨어 있다. 벨라도나 독초와 같은 과이며, 아편과 비슷한 효과가 있는 산사나무 열매는 욕망에 취해서 침대에 누운 연인들을 떠올리게 한다(듣자 하니, 이 열매에는 먹으면 옷을 벗고 싶어지는 기이한 효능이 있다고 한다). 이처럼 비너스는 그림을 이용한 최상류층의 지적 게임 속 플레이어가 되었다. 다만 이 게임에는 정치적 의도가 깔려 있다.

보티첼리, 〈비너스와 마르스〉, 1485~1488년경.
포플러 패널에 템페라와 오일.

〈비너스와 마르스〉를 제작한 배경을 보면 이를 알 수 있다. 아마 로렌조 데 메디치가 딸 루크레치아를 중매로 시집보내며 결혼을 축하하려고 이 그림을 의뢰했을 것이다. 그런데 장차 사위가 될 라이벌 가문의 청년 살비아티는 얼마 전 메디치 가문을 무너뜨리려는 음모에 연루되었다. 그러므로 이 그림에서 우아하게 차려입은 비너스가 한층 더 수준 높은 관대함과 평화를 상징한다면, 반대로 상스럽게 벌거벗은 마르스는 호전적인 상대 가문의 미천한 (게다가 벌거벗은 몸이 무방비 상태로 노출되어 취약하기까지 한) 구성원을 은근히 상기시킨다.

르네상스 시기 이탈리아에서는 이처럼 종교색이 드러나지 않는 회화가 크게 유행했다. 이런 그림이 어찌나 인기 있었던지 피렌체의 성마른 사제 지롤라모 사보나롤라는 1493년 피렌체 사육제 동안 수많은 예술품을 불태우라고 명령했다. 이 사건이 그 유명한 '허영의 소각Bonfire of the Vanities'이다. 비너스는 사보나롤라가 특히나 분노했던 대상이었다. "시민들의 집에 관해서는 또 무어라 말할 수 있겠는가?" 사보나롤라가 고래고래 소리쳤다. "이교도의 신화를 그린 혼숫감 없이 결혼하는 상인의 딸은 한 명도 없다. 갓 결혼한 기독교도 여인은 성경에 나오는 거룩한 여성들보다 마르스(와 비너스)의 부정한 행실에 관해 더 많이 알 것이다!"*

하지만 비너스를 그렇게 쉽게 검열할 수는 없었다. 보티첼리는 비너스를 포기하지 않았고, 여신이 사이프러스에 도착한 그 유명한 순간을 그렸다. 1484년에서 1486년 사이에 완성된 〈비너스의 탄생The Birth of Venus〉이 전 세계의 문화와 사상에 미친 영향은 길이길이 이어질 것이다.

서양 고전 작품에서 최초로 여성의 나체를 실물 크기로 그린 〈비너스의 탄생〉은 오늘날까지 모방되고, 참고되고, 패러디되고, 마케팅에 이용된다. 보티첼리가 그린 르네상스 여신은 다채로운 고전적 맥락 속에 둘러싸여 있다. 그림 오른쪽에 비너스를 맞이하고 있는 계절의 여신은 도금양을 엮어 만든 허리띠를 두르고 있으며, 왼쪽 물가에 꼿꼿하게 서 있는 부들은 우라노스-가이아 신화의 격렬한 에로티시즘을 상징한다. 연붉은색 망토와 장미는 아프로디테를 탄생시킨 거세된 피투성이 성기를 고상한 방식으로 암시한다.

〈비너스의 탄생〉은 고대 문명을 그대로 인정한다. 고대의 사상과 관념을 자극하고, 전파하고, 영원성을 부여하기 위해 그린 작품이기 때문이다. 이 그림은 육체적이고 형이상학적인 아름다움에 바치는 찬가다. 이탈리아의 아뇰로 브론치노와 플랑드르의 얀 마시스, 독일의 루카스 크라나흐와 한스 홀바인 등의 회화를 비롯해, 고전적 알레고리에 영감을 받은 르네상스 예술은

＊　　지롤라모 사보나롤라, 롯과 미가에 관한 설교 28.

신플라톤주의적 완벽함이 지상의 숭고한 무언가로 구현될 수 있음을 입증한다. 유럽 철학사에 막대한 영향을 끼친 고대 그리스 후기 철학자 플로티노스는 《엔네아데스Enneads》 1권에서 이렇게 의견을 밝혔다. "아름다움은 언제나 이런 마음을 일으키는 것이 틀림없다. 경이로움과 달콤한 괴로움, 갈망과 사랑과 그저 즐겁기만 한 떨림." 르네상스 귀족과 상인들이 앞다투어 주문했으며, 저택의 육중한 문 뒤에 조심스럽게 걸어두었던 그림들은 화려한 일차원의 형상 속에 비너스의 불멸성을 간직하고 있다.

　이 여신은 귀족들의 대저택뿐 아니라 길거리에도 여전히 머무르고 있었다. 모험을 떠났던 기사들과 십자군은 고국으로 돌아올 때 동양의 여러 시형식과 가사를 가지고 들어왔는데, 중세 말의 음유시인과 가수들은 이를 사랑 노래로 바꾸어 불렀다. '남프랑스 최초의 음유시인'으로 알려져 있으며, 아키텐 공작이자 가스코뉴 공작인 기욤 9세는 15살에 노래하는 여성 가수들을 위탁받고 상속받았다. 이들은 원래 이슬람교도 집안 출신이었으나 1064년에 스페인 바르바스트로를 지배하던 이슬람 세력이 무너지면서 넘어오게 되었다. 각운을 활용

보티첼리, 〈비너스의 탄생〉, 1485년경.

한 작시법을 훈련받은 이 불운한 여인들의 작품이 나중에 서양 음악으로 바뀌게 된다.

이러한 새로운 서양 발라드는 대개 사랑을 환영할 만한 병으로 반기며 사랑의 극심한 고통을 기념하는 고전적인 주제를 노래하고 있다(이는 현대의 팝송에도 영향을 미쳤다). 생명을 얻은 비너스 조각상이나 성모 마리아 조각상이 젊은이에게 절대적인 헌신을 요구한다는 내용이 그 예다. 어떤 노래에는 여성의 내면에 있는 '나쁜 비너스'를 피하고 '좋은 비너스'를 찾으라는 간곡한 권고도 담겨 있다. 음유시인의 노래 속에서 아름다운 여성은 연인 관계에서 겉으로는 남성을 지배하는 것 같지만, 궁극적으로는 남성의 바람을 들어주는 신비로운 존재였다. 이렇게 비너스로 표현된 인간의 욕망은 서구 문명에서 가장 부유했던 가문들의 저택을 장식했을 뿐만 아니라, 중세와 르네상스 시기 유럽 북부와 남부 지방 전역에서 울려 퍼졌다.

르네상스 시대에는 귀한 대접을 받았던 보티첼리의 고전 작품들이 세월이 흐르자 점점 사람들에게서 잊혀갔다. 보티첼리가 활약하던 시대에서 300년이 지나고, 나폴레옹 보나파르트 황제가 유럽 전역을 세속화하고 나서야 수많은 예술품이 종교 기관에서 해방되어 시장으로 나왔다. 이를 계기로 보티첼리의 비너스는 존 에버렛 밀레이스를 비롯해 라파엘전파 화가에게 영감을 불어넣었고, 곧 문화의 수준을 가늠하는 시금석이 되었다.

1887년, 프랑스 음악가 클로드 드뷔시는 보티첼리의 작품을 떠올리며 교향 모음곡 '봄Printemps'을 작곡했다. 1902년, 미국 무용가 이사도라 덩컨은 〈봄La Primavera〉을 공연했다. 덩컨은 자기가 아프로디테의 별 아래서 태어났으며, 자신의 공연 목록에 늘 아프로디테가 포함되어 있다고 이야기해왔다. 1962년 영화 〈007 살인번호Dr. No〉에서 여주인공 역할을 맡은 우슬라 안드레스는 바닷물에서 조개껍데기를 들고나와 제임스 본드를 만난다. 앤디 워홀은 비너스를 총천연색 팝아트로 표현했다. '뇌 연구를 기반으로 한 아름다움 이론'을 고안한 신경 과학자 이시즈 토모히로와 세미르 제키는 최근 연구에서 〈비너스의 탄생〉을 세상에서 가장 아름다운 회화 열 점 중 하나로 꼽았다.

비너스는 고대 말과 중세 초기에 비난받고 금지당하고 추방당하며 갖은 수모를 겪었다. 하지만 이 여신은 다시금 베누스 빅트릭스, 승리의 비너스가 되었고, 정욕과 갈망이라는 어두운 충동을 정복하는 아름다움과 사랑의 상징이 되었다. 비너스는 자신이 불가항력적 존재라는 사실을 증명하고 있었다. 그리고 훗날 근대 세계에서 물질적 이익을 위해 욕망과 관조의 대상으로서 극심하게 이용당할 예정이었다.

11

흥행 보증수표가 된 비너스

전능한 신에서 억압의 상징으로 전락하다

모피를 입은 비너스가
붉은 머리칼로 만든 올가미로
그의 영혼을 사로잡았다.
그는 그녀의 초상화를 그리다가
광기에 빠질 것이다.*

아프로디테-비너스는 단순히 생명력이 질기기만 한 존재가 아니라 그 시대 최고의 흥행 보증수표였다. 16세기 잉글랜드의 야심만만한 작가 윌리엄 셰익스피어가 그 사실을 정확하게 꿰뚫어 보았다.

셰익스피어가 처음으로 출간한 작품은 선정적이고 통속적인 이야기 시 《비너스와 아도니스Venus and Adonis》다. 이 시는 1593년에 발표된 후 몇 년 안에 무려 여섯 번이나 재판되었는

---

*   레오폴트 폰 자허-마조흐, 《모피를 입은 비너스Venus in Furs》.

데, 꽤 체제전복적인 내용을 담고 있다(1592년에 전염병이 돌면서 런던의 극장들이 문을 닫자 셰익스피어는 돈을 벌어야 한다는 필사적인 심정으로 이 작품을 썼을 것이다). 셰익스피어는 이 작품에서 성욕에 대비되는 사랑의 정신적 영향을 다루면서도, 수심 가득한 아도니스를 쫓아다니다가 마침내 손아귀에 넣는 비너스를 주인공으로 내세운다. 작품 속 비너스는 박력 넘치고, 온몸으로 땀을 흘리고, 성행위를 주도하는 지배자다. '상사병에 걸린 비너스'는 욕망에 사로잡힌 여자다. 어쩌면 셰익스피어는 비너스를 이렇게 묘사하며 남자가 지배하는 세상 속 홀로 두드러지는 여성 통치자, 당대 영국을 다스렸던 나이 든 엘리자베스 1세를 교묘하게 비꼰 것일지도 모른다.

셰익스피어는 다른 학생들과 마찬가지로 아서 골딩의 1567년 영어 번역본으로 오비디우스의 《변신 이야기Metamorphoses》를 읽곤 했고, 그중에서도 제10권에서 영감을 얻어 《비너스와 아도니스》를 썼다. 작품에서 여신은 벌거벗은 채로 아도니스를 쫓아다니며, 기꺼이 아도니스의 소유가 되겠노라고 상당히 노골적인 말로 구애한다. 그 후 이야기는 고대부터 익히 알려진 내용대로 진행된다. 아도니스는 야생 멧돼지에게 물려 목숨을 잃는다. 사냥꾼이 도리어 사냥을 당한 것이다. 그러자 아도니스의 피에 젖어 붉게 변한 땅에서 선명한 핏빛 아네모네가 피어오른다. 외설스럽고 도발적인 내용 때문인지 이 작품은 50년 동

티치아노, 〈바다에서 나오는 비너스Venus Anadyomene〉,
1520년경. 캔버스에 유채.

안 제16판까지 발행되었지만, 지금까지 온전하게 전하는 원본은 거의 없다. 학자들은 사람들이 하도 열심히 책장을 넘겨본 탓에 출간된 책들이 전부 닳아서 해졌으리라고 추측한다.

셰익스피어는 다른 작품을 쓸 때도 언제나 비너스를 언급했다. 희곡《한여름 밤의 꿈A Midsummer Night's Dream》에서는 클레오파트라를 비너스로 일컬으며 비너스가 지닌 낭만적 힘을 이야기했다. 하지만 셰익스피어가 묘사하는 여신에게는 어딘가 심술궂고 변덕스러운 면이 있다. 희곡《헛소동Much Ado About Nothing》 4막에서 클라우디오는 연인 헤로의 정절을 의심하며 이렇게 외친다. "그대의 피에는 비너스보다 음탕한 기운이 들끓고 있소." 《로미오와 줄리엣》 2막에서 머큐시오는 "수다스러운 비너스"를 언급한다.《뜻대로 하세요As You Like It》 4막에서는 비너스의 자손이 맹비난을 받는다. 올란도는 "비너스의 사악한 사생아, 생각을 아버지로 두고 홧김에 잉태되어 광기로 태어났지. 그 비열한 눈면 놈이 모두의 눈을 괴롭히네"라는 말을 듣는다.

셰익스피어는 먼 과거나 동부 지방에서 자주 영감을 얻었기에 유행을 주도하는 세련된 도시 베네치아에서 비너스가 얼마나 인기 있었는지 잘 알고 있었을 것이다. 비너스와 베네치아는 특히나 강한 관계를 맺고 있어서 비너스는 이곳에서 유명세와 함께 짭짤한 수익도 올렸다. 베네치아가 정치적으로, 상업적으로 점점 세력을 키워가자, 베네치아 주민들은 여신이 등장하는 도시 기원 신화를 만들어냈다. 그들은 베네치아가 고대부터 존재한 유서 깊은 도시이며(베네치아는 5세기경에 건설되었다), 짜디짠 바닷물에서 마법처럼(마치 '비너스처럼') 떠올랐다고 선언했다. 아울러 도시명은 비너스의 이름에서 유래했고(사실 도시명은 고대 베네티족의 이름에서 비롯했다), 세상에서 가장 아름다운 도시 중 하나인 이곳 주민들은 비너스 여신의 숭고한 정신을 지니고 있다고 주장했다. 이렇게 비너스는 다시 한번, 그러나 새로운 방식으로 인간 세상에 관여하게 되었다.

더 나아가 아프로디테-비너스는 (동양 출신이라는 사실을 고려할 때 아이러니하게도) 그들이 동양의 '야만성'이라고 인식한 특징과는 대비되는 서양의 배타적 가톨릭 이상을 상징하게 되었다. 교황의 함대를 이끄는 해군 총독이자 공교롭게도 사이프러스 파포스의 부재 주교였던 야코보 페사로는 베네치아 화가 티치아노에게 자신이 레프카다섬에서 오스만 해군을 격파한 일을 기념할 작품을 그려달라고 의뢰했다.

이 그림 속 성 베드로가 앉은 옥좌의 기단부 장식에는 다름 아닌 벌거벗은 비너스의 모습이 보인다. 베누스 빅트릭스 자세를 취하고 있는 비너스는 고결하고 정의로운 사랑의 여신, 타락한 적을 무찌르는 여신을 상징한다. 베네치아가 세 대륙 사이의 핵심 무역 허브이며 오스만 제국에 대항할 보루인 사이프러스를 장악하자, 베네치아 사람들은 산 마르코스 광장 종탑 기단부의 대리석에 (사이프러스의) 비너스를 새겨 승전을 기념했다. 아직도 이 부조가 남아 있는 종탑은 이제 비너스와 오랫동안 함께 한 비둘기들이 편하게 앉아서 쉬는 횃대가 되었다.

사이프러스가 베네치아의 새로운 식민지가 된 후, 이곳으로 간 베네치아 고위층은 섬 곳곳에서 비너스의 실제 무덤을 발견했다며 잔뜩 흥분해서 발표했다. 니코시아 성 소피아 대성당에는 마르스가 애인을 위해 흑해 북부 스키타이 지방의 산에서 끌어왔다고 하는 반암 석관이 있는데, 사람들은 나중에 사이프러스의 왕 제임스 2세를 안치하는 데 이 석관을 사용하게 해달라고 요청하기도 했다. 비너스는 올림포스의 신이 아니라 서구 유럽의 인간 여성 지도자가 되어갔다. 비너스를 소유하는 것, 비너스의 의복과 비너스의 이름을 가지는 것은 물질적인 면에서나 정치적인 면에서나 한 번 더 진실로 중요해졌다.

그러므로 티치아노의 작품에 비너스가 빈번히 등장하는 것도 그다지 놀라운 일이 아니다. 이 베네치아 화가는 오비디우스의 글을 퇴폐적으로 풀어낸 작품에서 영감을 얻어, 유화 물감을 겹겹이 칠해 신화 속에서 다양한 모습으로 변장하는 비너스의 매끈하고 육감적인 살결을 그렸다. 바닷물에서 나오는 비너

티치아노, 〈성 베드로에게 야코보 페사로를 봉헌하는
교황 알렉산더 6세Jacopo Pesaro being presented by Pope Alexander VI to St Peter〉,
1506~1511년경. 캔버스에 유채.

스, 벌거벗은 채 짙은 붉은색 침상에 누워 부끄러워하는 기색도 없이 앞을 바라보는 비너스, 오르간 연주자와 큐피드와 함께 있는 비너스, 장미를 쥐고 성기를 어루만지는 비너스까지 그의 손에서 여러 작품이 탄생했다. 벌거벗은 비너스가 감상자를 희롱하듯 비스듬히 기대어 누운 모습을 그리는 대담한 표현 방식이 유행한 곳도 베네치아였다. 사실 서양의 살롱에 걸린 유화 중에서 비너스가 옷을 걸치고 있는 경우는 거의 없다. 비너스는 풍만한 몸매를 드러내놓고 감상자의 시선을 기다리는 완벽한 여성이 되었다. 고대의 전능한 신은 점차 모델로 삼을 만한 '인간'으로 여겨졌고, 근대 초 여성들은 이 불가능한 이상향을 모방하고자 애썼다.

16세기 프랑스 의사인 루이 귀용Louis Guyon은《아름다움의 거울Le Miroir de la Beauté》이라는 그의 저서에서 살아 숨 쉬는 인간인 여성들이 참고하도록 '육체의 아름다움에 관한 간단명료한 설명'을 밝히기까지 했다. 귀용은 아프로디테−비너스가 파리스의 심판을 받기 위해 옷을 다 벗었듯이, 여성 신체의 아름다움도 벌거벗은 상태에서 판단해야 한다고 조언했다. 귀용은 아름다운 여성의 신체 조건을 이렇게 설명했다. 여성의 머리카락은 금발이어야 하고, 목은 길어야 하며, 눈은 반짝반짝 빛나야 한다. 가슴은 탄탄하고, 너무 작지도 너무 크지도 않아야 하며, 한 쌍의 사과 같아야 한다. 골반과 엉덩이는 맵시 있게 균형 잡혀 있어야

티치아노, 〈우르비노의 비너스Venus of Urbino〉, 1534년경.
캔버스에 유채.

하고, 배는 살짝 통통해야 하지만 주름이 질 정도로 살집이 두둑해서는 안 된다. 그리고 넓적다리와 팔, 엉덩이는 전부 풍만해야 한다.

이상적인 여성 육체미에 관한 개념은 고대 고전기와 르네상스 시대에 만들어진 비너스 조각상을 본받은 결과였다. 당대 여성들은 여신의 권능을 지닐 수는 없었지만, 외모만큼은 여신과 닮아야 한다고 요구받았다. 1555년, 베네치아에서 《알레시오 피에몬테세 신부의 비밀Secreti del reverendo donno Alessio Piemontese》이 출간되었다. 거의 모든 유럽 언어로 번역되고 무려 90판 넘게 재발간된 이 책은 여성이 어떻게 완벽한 신체를 얻을 수 있는지 그 비결을 담고 있다. 예를 들자면 제모 크림과 염색, 주름 방지 로션, 피부가 비너스처럼 매끈하고 윤이 나도록 해주는 우유와 설탕, 버터 조합 방법 등이 있다.

한편, 무대에서는 비너스를 몽상의 구실 혹은 때로는 성적 자극의 구실로 등장시켰다. 영국의 작곡가 존 블로가 작곡하고 앤 핀치가 대본을 쓴 통속적 오페라 〈비너스와 아도니스Venus and Adonis〉는 1683년에 초연해서 대성공을 거두었다. 런던 초연 당시 비너스 역할을 맡은 배우는 찰스 2세에게 버림받은 정부 몰 데이비스Moll Davies였다. 정력적이고, 섹시하고(놀랍게도 블로는 왕실 예배당에 소속된 작곡가였다), 호화스럽게 꾸민 이 비너스는 실로 대단한 볼거리였을 것이다. 〈비너스와 아도니스〉는 영국 최초의 오페라로 꼽히지만, 영국 왕실을 위해 제작한 마지막 가면극이기도 했다. 오페라 무대에 오른 비너스는 수 세기 동안 이어진 전통의 정점에 있었다. 비너스는 스포트라이트가 전혀 낯설지 않았다. 이미 수많은 종류의 드라마 속 인물로 소비되었으며, 심지어 고대 로마에서도 원형 경기장의 중심 무대에 나타난 적이 있기 때문이다.

오늘날 튀니지 중부에 있는 마크타르에는 비너스가 오랫동안 사람들이 연기해온 인물이었다는 아주 흥미로운 증거가 있다. 마크타르는 지금도 트라야누스 1세의 거대한 개선문이 우뚝 서 있는 놀라운 도시다. 내가 마크타르를 마지막으로 방문했을 때는 드넓게 펼쳐진 푸른 들판에 새하얀 눈송이가 점점이 흩뿌려진 겨울이었다. 한때 융성했던 이 도시는 로마가 카르타고를 파괴했을 때 도망쳐 나온 난민들이 정착한 곳이었다. 처음에는 반항적이었던 주민들도 점차 로마 제국을 받아들이게 되었고, 고대 후기에는 마크타르도 다른 도시들과 다를 바 없는 로마 도시가 되었다(이 도시는 포이팅거 지도에 중요하게 표시되어 있다).

마크타르의 원형 경기장에서는 요란한 게임이 벌어지곤 했다. 이곳에서 한나절 말을 타고 달리면 오늘날에는 엘 젬이라고 불리는 마을, 티스드루스에 있는 경이로운 아레나를 볼 수 있다. 티스드루스 아레나는 3만 5천 명을 수용할 수 있는 웅장한 원형 경기장으로, 로마의 콜로세움을 제외하면 가장 큰 규모라 할 수 있다. 원형 경기장에서 벌어지는 게임은 아프리카 속주 문화의 일부였으며, 로마가 잔혹한 공연의 형태로 제국의 군사력과 군사 정신을 증명하는 방식이었다.

3세기 전반기에 마크타르에 세워진 비너스의 집^{Maison de Vénus} 속 여신의 모습을 보면 원형 경기장에서 일어난 일을 추측해볼 수 있다. 모자이크로 만든 이 비너스는 장미 꽃송이가 이리저리 흩어져 있는 땅바닥에 서서 우아하게 샌들을 고쳐 신고 있다. 비너스를 둘러싼 도상은 모두 혈기 넘치다 못해 가학적이었던 원형 경기장의 게임과 관련 있다. 마크타르에서 그리 멀지 않은 튀니지 북부, 로마인의 정착지였던 투부르보 마주스^{Thuburbo Maius}에도 비슷한 구도의 모자이크 비너스가 있다. 모자이크 속 비너스는 로마 제국의 원형 경기장이나 군대 연병장을 질주할 때 쓰는 것과 비슷한 전차를 타고 있다.

에로틱한 소설 《황금 당나귀^{Asiuns Aureus}》로 유명한 북아프리카 태생의 로마 작가 아풀레이우스는 원형 경기장에서 동물이나 인간을 도살하는 게임을 하기에 앞서 공연되었던 쇼를 묘사했다. 주로 고대 그리스의 유명한 신화를 각색해 공연을 했는데, 그중에서도 파리스의 심판에 얽힌 이야기를 자주 다루었다. 아풀레이우스는 파리스를 '심판하러' 무대 위로 나온 비너스가 옷을 다 벗은 채 아름다움을 뽐냈다고 기록했다. "계속해서 세 번째 여자가 등장했다. (…) 비너스를 연기하는 배우였다. 결혼하기 전의 비너스와 닮았기 때문이다. 그녀는 완벽한 몸매를 자랑했다. 속이 다 비칠 정도로 얇은 실크 한 겹으로 어여쁜 매력을 살짝 가렸을 뿐, 완전히 벌거벗고 있었다."[*]

지난 수 세기 동안 비너스는 관념으로서, 혹은 제 목소리는 내지 못한 채 대중의 오락을 위해 퍼레이드에 나선 무수한 '여성들'의 모습으로서 무대 위에서도, 닫힌 문 뒤에서도 인간을 유혹했다.

비너스가 '진짜 인간'인 여성들이 모방해야 할 모델이 되자, 여신의 신성한 광채는 흐릿해지고 여신의 겉모습도 한낱 인간과 비슷한 스타일로 변했다.

루벤스 같은 화가들은 아내나 즐겨 만나던 매춘부를 모델로 세워서 비너스를 그렸으며, 꼭 비너스를 그리지 않더라도 모델에게 비너스 같은 포즈를 주문했다. 에스파냐의 추기경이자 왕자인 페르난도 데 아우스트리아Cardinal-Infante Ferdinand of Austria는 형 펠리페 4세가 소유한 루벤스의 그림 중 파리스의 심판을 그린 작품을 보고 이렇게 썼다. "무리 지어 선 이들 중앙에 있는

---

[*]　　아풀레이우스, 《황금 당나귀》.

루벤스, 〈모피를 두른 헬레네 푸르망Helena Fourment as Venus〉,
캔버스에 유채. 루벤스의 두 번째 아내 헬레네 푸르망은
트로이의 헬레네를 뛰어넘을 만큼 아름다웠다고 한다.

비너스는 그 자신(루벤스)의 아내를 너무도 닮았다. 그녀는 의심의 여지없이 여기서 가장 아름답다."

대리석 조각과 그림에서, 비너스는 성적 매력이 넘치는 여성과 손에 넣을 수 없는 여성이 에로틱하게 뒤섞인 존재가 되었다. 18세기와 19세기 캔버스 속 아프로디테-비너스는 대체로 화가의 모델이 된 하급 매춘부였다. 매춘부들은 그렇게 '비너스들'이라는 별명을 얻게 되었다. 이제 이 여신은 돈으로 살 수 있는 존재, 그것도 대개 성병에 걸린 존재에 지나지 않았다.

하지만 다소 유별난 몇몇 지방에서는 계속 비너스를 숭배했다. 잉글랜드 버킹엄셔의 품위 있는 시골길을 헤치고 나가면 프랜시스 대시우드 경Sir Francis Dashwood의 위풍당당한 대저택인 웨스트 위컴 파크가 나온다. 이 저택은 아프로디테의 욕정을 기리고 숭배하던 곳이었다. 대시우드 경은 그랜드 투어 도중 고대 세계와 사랑에 빠졌다. 당시 영국의 귀족 청년들은 대학 생활을 시작하기 전에 1년 정도 그랜드 투어를 즐겼는데, 대다수가 그저 견식을 넓히고 기념품만 지니고서 돌아온 반면, 대시우드 경은 아예 종교를 바꾸고 고향으로 돌아와 아프로디테를 모시는 사제가 되었다. 오늘날에도 대시우드 가문이 소유한 대저택에는 대시우드 경과 친구들이 사제로서 아프로디테의 성소에서 여신을 경배하는 그림이 여러 점 있다. 벽, 천장, 창틀 등 집안 곳곳에 아프로디테 이미지가 남아 있다. 정원에는 아프로디테에게

루벤스, 〈파리스의 심판The Judgement of Paris〉,
1637~1638년, 패널에 유채.

바친 사원까지 있다. 둥그렇게 늘어선 기둥들 아래에 있는 입구(뚫려 있는 구멍 모양이 꼭 여성의 성기를 닮았다)에서는 신비스럽고 기이하며 성적으로도 난잡한 의식을 치렀다고 한다.

이렇게 근대에 비너스의 사랑과 '아프로디테의 선물'을 즐겼던 남성들은 주로 하원 의원과 주교, 작가, 학자, 귀족 등 고위층이었다. 반대로 그들과 함께 어울렸던 여성은 하류층 매춘부였다. 아프로디테-비너스는 더 이상 숭배받는 숭고한 대상이 아니라, 착취를 알선하는 중개인이 되어버렸다.

고대 조각가 피그말리온과 인간으로 변한 조각상 갈라테아 이야기는 빅토리아 시대의 화가와 소설가 사이에서 매우 인기 있는 주제였다. 오비디우스의 원작에서 사이프러스 왕 피그말리온은 여성을 혐오해서 돌을 깎아 아무런 결점도 없고 목소리마저 없는 아름답고 완벽한 아내를 만들었다. 어느 날, 그는 아프로디테 축제에서 여신에게 제물을 바치며 돌로 깎은 그 여인과 똑같은 아내를 달라고 기도했다. 아프로디테는 피그말리온의 기도를 들어주겠다고 마음먹었고, 피그말리온의 조각상에 생명을 불어넣어 주었다. 이런 이야기는 여성은 남성의 손에서 빚어지고 만들어진다는 빅토리아 시대의 사고방식에 완벽하게 들어맞는 비유였다.

유럽이 식민지 건설을 위해 아프리카 대륙으로 원정에 나선 이후로, 아프리카 원주민 여성은 주로 '검은 비너스'라는 선정적 이미지로 묘사되었다. 오늘날 베냉 남부 지방에는 비옥한 적색토가 펼쳐진 옛 다호메이 왕국의 수도 아보메가 있다. 이곳에는 엄청나게 조직적인 다호메이 여전사들이 살았는데, 놀랍게도 이들은 '비너스 숭배자'로 불렸다. 남아프리카에도 '호텐토트의 비너스'라고 불린 인물이 있었다. 코이코이족 출신 사르키 바트만은 유럽 수도 곳곳을 돌아다니며 사람들에게 전시되었으며, 입장료를 내고 바트만을 보러온 대중은 유전적 둔부지방경화증으로 비대해진 엉덩이와 음순을 구경했다. 영국의 주간 잡지 《펀치Punch》에는 아프리카 여성을 "처녀성을 잃지 않았으며 (…) 눈은 타오르는 숯불처럼 까맣고, 마치 아프리카의 험악한 풍토와 같다"라고 묘사하는 만화가 실리기도 했다. 이런 끔찍한 일들을 보면, 영국인의 잠재의식에 무력으로 합병한 영토에 대한 불안이 깔려 있었음을 알 수 있다. 비너스는 충격적이고 부도덕한 성차별·인종차별을 가리는 얄팍한 구실이었다.

WOOING THE AFRICAN VENUS.

(Some way after Homer's Hymn to Aphrodite.)

[A Charter has just been granted to the Imperial British East Africa Company. This Company will now administer and develop a territory with an estimated area of about 50,000 square miles, including some of the most fertile and salubrious regions of Eastern Africa.]

THE force, O Muse, and functions now unfold / Of Afric's Venus, graced with mines of gold ; / Who e'en in BISMARCK lights love's furious fire, / And makes all men woo her with hot desire.

From all earth's nations, Frenchman, Portuguese, / From Yankee shores and from all Europe's [seas, / Adventurous patriots crowd to seek and share / Love of the Libyan Venus. Three there are

Whose minds are mainly set upon that love : / The Briton, proud as Ægis-bearing Jove, / Who deems her indevirginate, her eyes / Being black and burning, like her own fierce skies.

'모험심 강한 애국자들이 리비아 비너스의 사랑을 구하고
나눠 가지려 밀어닥친다'.《펀치》, 1888년.

한때 혈기 왕성하고 거침없었던 여신은 지배 계층에 이용당하는 존재가 되고 말았다. 비너스는 남성의 시선을 자극하는 대상으로, 오리엔탈리즘을 바탕으로 한 식민 지배를 조장하는 대상으로 이용당했으며, 그저 부채나 회중시계, 장갑 보관함을 장식하는 데 사용되었다. 여성의 권력과 지위의 상징이었던 여신이 압제와 억압의 상징으로 전락한 것이다.

12

아주 현대적인 여신

우리는 왜 비너스를 기억하는가

"나의 음부, 뿔, 천국의 배는
초승달처럼 열망으로 가득하구나.
경작하지 않은 내 땅이 그대로 묵고 있다.

나는 이난나. 누가 나의 음부를 경작할 것인가?
누가 나의 높은 들판을 갈아 일굴 것인가?
누가 나의 젖은 땅을 갈아 일굴 것인가?"

두무지가 대답했네
"위대한 여신이여,
왕이 음부를 갈아 일굴 것입니다.
나, 두무지, 왕이 당신의 음부를 갈아 일굴 것입니다."

이난나가 말했네
"내 음부를 갈아 일구어라, 내 마음속의 남자여!
내 음부를 갈아 일구어라!"*

벌거벗은 몸에 감히 바라보지도 못할 강력한 힘이 고동치던 아프로디테-비너스는 아이러니하게도 서구 사회에서 가장 많이 노출된 벌거벗은 여인이 되었다. 여신의 벗은 몸을 바라보는 이들은 관음증을 즐겨도 좋다고 허락받은 것이나 마찬가지였다.

1914년 3월 10일 오전 10시, 한 여성이 런던의 내셔널 갤러리로 걸어 들어갔다. 그녀의 옷 안에는 고기를 토막 내는 커다란 식칼이 숨겨져 있었다. 그녀는 대리석 계단을 올라가 90분 동안 여러 전시실을 돌아다니다가 보안이 소홀해진 틈을 타 미술관에서 가장 인기 있는 그림으로 곧장 다가갔다. '로크비 비너스The Rokeby Venus'라는 애정 어린 별명으로 잘 알려진 디에고 벨라스케스의 〈비너스의 단장The Toilet of Venus〉이었다. 얼마 전 원소유주 존 모릿이 이 작품을 팔려고 내놓았을 때 영국 대중은 그림을 국내에 붙잡아두고 싶은 마음에 기금 4만 5천 파운드를 모으기까지 했다. 하원 의원이자 대지주인 모릿은 이 그림을 '비너스의 엉덩이를 그린 훌륭한 작품'이라고 칭했다.

〈비너스의 단장〉 앞으로 다가간 여성 참정권 운동가 메리 리처드슨은 식칼을 꺼내 들고 길길이 날뛰며 캔버스를 난도질했다. 이후 손상된 곳을 복원했지만, 그림을 자세히 살펴보면 표

---

*   《이난나와 두무지의 연애The Courtship of Inanna and Dumuzi》, 기원전 2500년경.

면이 미세하게 솟아오른 부분이 보인다. 이 사건은 전 세계 신문의 헤드라인을 장식했다. 메리 리처드슨은 자신의 격분을 이렇게 설명했다. "남자들이 온종일 그 그림을 얼빠진 듯 헤벌쭉거리며 바라보는 걸 참을 수 없었습니다." 사건 다음 날《타임스》가 보도했듯이, 리처드슨은 "신화의 역사에서 가장 아름다운 여성의 그림을 파괴"하고 싶어 했다.

일각에서는 여성 참정권 운동의 지도자인 에멀린 팽크허스트를 전사, 여신으로 부르기도 했는데, 아이러니하게도 리처드슨은 팽크허스트가 체포된 것에 항의하려고 '로크비 비너스'를 난도질했다. 아프로디테-비너스는 편견을 그럴듯하게 포장하는 매력적인 상품이었고, 화려하면서도 고상해 보이는 허울에 지나지 않았다. 훼손된 또 다른 작품, 〈밀로의 비너스Venus de Milo〉가 19세기 서구 문명에서 이상적인 여성을 상징하게 된 것은 절대 우연이 아니었다.

그리스 키클라데스 제도 서쪽에 있는 밀로스섬이 오스만 제국의 영토였던 1820년, 어느 가난한 농부가 두꺼운 관목 덤불 아래서 근대 세계의 아이콘이 될 조각상을 발견했다. 이것이 바로 그 유명한 〈밀로의 비너스〉다. 이 대리석 조각상은 한때 프락시텔레스가 만들었다고 알려졌지만, (지금은 사라지고 없는 받침대의 흥미로운 증거로 미루어보아) 아마도 도제 수습을 마친 조각가 안티오크의 알렉산드로스가 기원전 80년에 조각했을 것이다.

조각상이 발견되자마자 사람들은 이것이 비너스를 표현한 작품이라고 생각했다. 그런데 〈밀로의 비너스〉는 팔이 부러졌을 뿐만 아니라 로마 제국의 장벽에 생긴 틈을 메우는 충전재로 사용되는 등 고대 세계에서 푸대접을 받았다. 19세기에 와서야 보호 속에서 거래되다가 마침내 파리의 루브르 박물관에 전시되어 엄청나게 세심한 관리를 받았다. 두 팔이 떨어져나간 이 비너스는 파리코뮌 당시 루브르 박물관이 공격당했을 때 파리 경찰국 지하에서 보호받았으며, 제2차 세계대전이 터졌을 때는 국립극장 코미디 프랑세즈의 무대 장치를 실은 트럭 속에 몰래 숨겨 파리 밖으로 반출되었고, 프랑스 중부의 장엄한 성 샤토 드 발랑세에 안전하게 보관되었다.

〈밀로의 비너스〉는 전 세계에서 가장 많이 복제된 아프로디테-비너스 형상이지만, 이 여신은 우라노스의 거세된 성기에서 태어난 흉포하고 신성한 존재가 아니라 두 팔이 잘려나간 불구다. 당대의 기준으로 판단해보더라도 이 비너스는 전능하지 않았다. 오히려 나약하고, 인간의 손에 구조되어야 했다. 비너스는 더는 문명을 창조하는 존재가 아니었으며, 심지어 문명 속에 포함되어 있지도 않았다. 문명은 여신을 거세하는 데 열중할 뿐이었다. 팔이 없는 비너스는 파괴하려는 열망에 양분을 주었다. 비너스는 그저 인류가 추상적인 사상을 투사할 수 있는 매력적인 몸매의 소유자가 되어버렸다.

이 사실을 보여주는 완벽한 예시가 1936년 살바도르 달리의 작품 〈서랍이 달린 밀로의 비너스Vénus de Milo aux tiroirs〉다. 이 석고상은 강력한 아프로디테 이야기가 아닌 지그문트 프로이트의 사상에서 영감을 얻어 만든 선언적 작품이다(달리는 이렇게 의견을 밝혔다. "어리석은 표현법보다 완벽한 아름다움에 더 어울리는 것은 없다. 〈밀로의 비너스〉는 이 사실을 가장 분명하게 보여주는 예다").

프로이트는 청년 시절 열정적인 고전주의자였다. 1859년, 아버지가 모직 사업에 실패하면서 프로이트 가족은 오스트리아령 모라비아에 있는 작고 가난한 도시 프라이베르크를 떠나 활기찬 빈에 정착했다. 이때 빈에서 찍은 사진을 보면, 머리를 뒤로 빗어 넘긴 일곱 살의 프로이트가 무릎에 커다란 역사책을 올려두고 한니발과 알렉산드로스 대제 이야기와 그리스신화를 읽고 있다. 프로이트는 우라노스가 거세되어 아프로디테가 탄생했다는 전설에 마음을 빼앗겼고, 개인 혹은 문명이 욕망을 품었을 때 어떻게 행동하는지 일생토록 탐구했다.

그의 아이디어는 빈의 작고 추운 부엌에서 쏟아져 나오기 시작했다. 프로이트는 충동의 저장고로서 무의식, 고고학 발굴처럼 의식을 탐구해가는 정신 치료, 감춰진 기억 밝혀내기, 과거가 현재 일상에 영향을 미친다는 사실 인정하기 등 여러 심리학 개념들을 제시했다. 성 심리와 정신역학은 프로이트의 초기 작업에서 중심 학설이 되었다. 아울러 프로이트는 에로스의 연인

프시케Psyche를 매우 중요하게 생각해 프시케의 이름을 따서 '정신분석psycho-analysis'이라는 용어를 고안했다. 그리스신화에서 영혼과 정신, 생명의 숨결, 내면을 상징하는 프시케는 에로스의 아내이기도 하다. 프로이트에게 무엇보다 의미 있는 존재는 아프로디테의 말썽꾸러기 아들 에로스였기에, 아프로디테-비너스는 중심에서 밀려났다.

프로이트는 82세 되던 해에 오스트리아를 점령한 나치에게 추방당해, 런던 북부의 고풍스러운 햄스테드에 정착했다. 프로이트가 런던에서 진행한 연구에는 고대 세계의 예술품이 빈번히 사용되었다. 그중에는 비너스, 아프로디테, 아스타르테 유물도 무척 많았다. 프로이트의 책상에는 〈크니도스의 아프로디테〉를 본떠서 만든 조각상이 있었다. 그는 거울을 보는 비너스 초상화도 굉장히 좋아했다. 거울에 비친 고운 얼굴을 바라보는 비너스가 자기에게 남근이 없다는 사실을 보상받으려 하는 여성의 나르시시즘을 상징한다고 생각했기 때문이다.

프로이트는 카이사르처럼 그리스 여신들이 새겨진 반지를 끼고 다녔고, 심리 치료를 맡았던 마리 보나파르트 왕자비에게 감사 선물로 작은 청동 아프로디테 조각상을 받기도 했다. 하지만 프로이트의 연구실을 지배했던 신은 에로스였다. 프로이트의 정신분석학 연구는 선구적이었으나 결함도 있었다. 그는 여러 이론을 통해 인간의 이중성을 왜곡하고 과장했다. 이 같은 주장의 근거는 고대 세계에 어느 정도는 존재했으나, 아프로디테의 역사가 알려주는 오랜 교훈에서 비롯한 것은 아니었다.

프로이트는 1920년대 초에 에로스에 관한 생각을 잠정적으로 정리하고 나중에 수정했는데, 이러한 한가한 성찰은 프로이트 사상의 근거가 되었다. 그의 생각을 정리해보자면 다음과 같다. 자극과 촉진, 야심, 삶을 향한 욕망, 욕구를 상징하는 에로스는 인간의 죽음 충동과 끊임없이 대결을 벌인다. 따라서 인생 경험의 복잡성은 에로스와 결핍, 죽음이 충돌하고 협력한 결과로 설명할 수 있다. 프로이트는 문명이 에로스에게 봉사하는 것이지, 반대로 에로스가 문명에 기여하는 것이 아니라고 보았다.

프로이트는 1930년에 출간한 저서 《문명 속의 불만Das Unbehagen in der Kultur》에서 이렇게 밝혔다. "이제 문명의 발달이 의미하는 바가 더는 모호하지 않다고 생각한다. 인류에게 구현되는 방식과 마찬가지로, 문명의 발달은 에로스와 죽음 사이의 투쟁, 삶의 본능과 파괴의 본능 사이의 투쟁으로 나타나야 한다."

프로이트의 의견은 터무니없이 영향력이 강했다. 아프로디테나 그녀의 선사시대 조상들은 하나의 몸에 긍정적인 충동과 부정적인 충동을 다 지니고 있었던 반면, 프로이트는 이 둘을 서로 대립되는 극단이라고 제시했다. 그는 '쾌락 욕구 원칙'과 '소망 충족'이라는 개념을 만들어 정신분석 지침을 정립했다. 광고업계는 이런 지침을 소비자 개인의 내면에 존재하는 갈망과 욕

1970년대 뉴욕의 여성 해방 운동 시위.
비너스를 상징하는 점성술 기호를 변형해 배너에 그려 넣었다.

구를 건드릴 자극제로 열심히 활용했다. 그래서 질레트는 여성용 면도기 '비너스'를 판매하며 "당신 안에 깃든 여신을 드러내겠다"라고 광고한다. 화장품 브랜드 도브^{Dove}(비둘기)는 자사의 비누가 부드러운 피부를 갖게 해준다고 광고하고, 석류 주스에는 비너스와 관련된 이름을 붙인다. 이제 아프로디테의 선물은 공동체를 하나로 묶는 데 사용되는 것이 아니라, 자기 충족과 자기도취를 돕는 도구로 전락했다.

비너스라는 브랜드를 다른 식으로 쓰기도 한다. 비너스를 상징하는 고대 점성술 기호 '♀'는 누구든지 익숙할 것이다. 이 기호가 비너스를 상징한다는 사실을 모르는 사람들도 기호 자체는 익히 안다. 아프로디테의 손거울이나 목걸이, 혹은 여성의 성기를 본뜬 것으로 알려진 이 기호는 수십 년 동안 의학 학술지와 공중화장실에서 여성을 상징하는 데 활용되었다. 그럴듯하게도 '♀'는 아프로디테-키프리스의 금속인 구리의 상징이다(덧붙여 말하자면 비너스의 연인 마르스를 상징하는 점성술 기호는 '♂'다. 방패와 곧추세운 창을 합친 모양인 이 기호는 남성을 상징한다). 중세까지 이 여성 기호에는 가로선이 없었으나, 근대 초에 기독교 측에서 이교도 여신의 상징이 십자가와 더 닮아 보이도록 가로선을 추가했으며, 1970년대에는 저항하는 여성을 나타내기 위해 기호의 원 안에 주먹을 그려 넣었다.

사랑의 여신은 현대 팝송에도 당연히 나타난다(낭만적인 대중음악은 중세 음유시인의 노래에 크게 빚지고 있다는 사실을 꼭 기억하자). 여신의 출현이 진부하게 느껴질지도 모르겠지만, 벌거벗은 여신의 매력을 여러모로 활용하는 가수들도 있다. 영국의 댄스 팝 걸그룹 바나나라마Bananarama는 네덜란드 록 밴드 쇼킹 블루의 1969년 히트곡 〈비너스〉를 리메이크하며 아프로디테를 새롭게 상상하여 표현했다. 바나나라마의 뮤직비디오에서 아프로디테는 명화를 패러디하여 조개껍데기 속에서 핫핑크 드레스 차림으로 춤추는 금발 미녀이자, 온몸에 달라붙는 새빨간 보디슈트를 입고 빙글빙글 도는 악마로 나타난다. 1986년 전 세계 음악 차트를 휩쓸었던 이 곡에는 "그녀의 무기는 수정 같은 눈"이라는 가사가 나온다. 영국의 가수 카일리 미노그는 11번째 스튜디오 앨범에 '아프로디테'라는 이름을 붙였으며, 레이디 가가는 2013년 곡 〈비너스〉에서 "아프로디테 레이디, 조개껍데기 비키니"라고 노래하며 아프로디테의 에로토스 중 짝사랑을 상징하는 히메로스에게 애원한다. 비욘세는 쌍둥이를 임신했을 때 다양한 여신에게서 영감을 얻은 화보를 찍었다. 바다와 풍요의 황금빛 신으로 변신한 비욘세는 아프리카와 유럽, 아시아의 강력한 여신들을 모델로 삼았고, 그 가운데는 비너스도 있었다.

아프로디테-비너스는 지금까지 기나긴 여정을 이어오고 있다. 맹렬하게 타오르던 고대 중동의 여신은 칵테일부터 섹스 토이까지 온갖 것들을 파는 데 동원되는 21세기 글래머 걸이 되었다. 매해 2월 14일이 되면, 전 세계에서 밸런타인데이를 위해 재배된 붉은 장미(아프로디테의 꽃)를 사랑의 증표로 주고받는다. 아프로디테-비너스는 동양 문화에서나 서양 문화에서나 관념이자 이미지로서 우리 일상에 존재한다. 이 여신은 가장 기본적이면서도 아주 쉽게 변하는 문화적 요소다. 우리는 최음제나 에로티시즘, 강렬한 소유욕, 화장품, 음란함을 이야기할 때 아프로디테를 기억한다. 그렇지 않기를 바라지만 성병을 이야기할 때도 마찬가지다. 그러나 최근 아프로디테는 다시 한번 선사시대처럼 여성의 섹슈얼리티가 가진 힘과 잠재력을 고취하는 데 사용되고 있다. 아프로디테는 여전히 불멸의 존재인 듯하다.

지난 수천 년 동안 수많은 여성과 남성들은 아프로디테에게 간절히 빌어왔다.

키프리스여 (…)
늘 그러하시듯, 이 약소한 것을 받으시고
이제 크나큰 은혜를 베풀어주소서.
여신이 바라시는 것은 오로지 그녀와 그녀의 남편이
하나의 정신, 마음, 영혼을 가지는 것뿐이라네.[*]

[*] 《그리스 사화집》, 6권.

아무래도 사랑이 지긋지긋해지기 전까지는, 사랑의 여신은 매력을 잃지 않을 것이다.

에필로그

뮤즈 여신이여, 키프리스의 여신

황금빛 아프로디테가 한 일을 알려주소서.

그 여신은 신들 사이에 달콤한 열정을 일으키고,

필멸의 인간 부족들과 공중을 날아다니는 새들과 마른 땅과 바다가

길러낸 수많은 피조물 전부를 정복했노라.*

—

(…) 오직 당신만이 사물의 본성을 조종하는 힘이며

당신이 없다면 그 무엇도 햇빛이 반짝이는 세상에 생겨나지 못하고,

행복하고 사랑스러워질 수도 없나니 (…)**

* 《호메로스 찬가》, 5편.

** 루크레티우스, 《사물의 본성에 관하여De rerum natura》, 1권.

고대의 많은 여신들 가운데 왜 유독 비너스는 이렇게 고집이 셀까? 아프로디테가 그 유명한 거울을 들어 올리면, 어떤 모습이 거울에 비칠까? 아프로디테가 그토록 완고한 것은 그저 이 여신이 상징하는 아름다움에서 느끼는 즐거움, 여성의 섹슈얼리티와 퀴어 섹슈얼리티를 향한 공포와 매혹, 성과 폭력 사이의 오래되고 위험한 관계의 인기가 절대 사그라지지 않기 때문일까?

이 여신은 우리가 타인의 불행과 비행을 보며 옹졸한 기쁨을 느끼게 하는 존재였을까? 아니면 트위터가 없던 시대에 자극적인 내용으로 대중의 관심을 낚는 수단이었을까? 고대부터 수천 년 동안 아프로디테(비너스)와 아레스(마르스)의 부정이 헤파이스토스(불카누스)에게 발각되는 이야기는 간통에 대한 관심, 특히 민망한 정사 장면을 들킨 여성을 향한 추잡한 관심을 더욱 커지게 만들었다. 요즘 온라인에는 실제 불륜 이야기, 슬럿 셰이밍slut-shaming*, 리벤지 포르노가 넘쳐난다. 이 여신은 눈부시게 빛나는 존재지만, 환한 빛에는 그림자가 따라오는 법이다.

그럼에도 아프로디테는 우리의 치사하고 비열한 순간뿐만 아니라, 가장 숭고하고 고상한 순간을 위한 자극제가 된다. 아프로디테는 열정과 철학의 매개이자, 우리의 감정과 사고를 논의하고 전달하는 수단이다. 플라톤의 《향연》에서 여성 철학자 디

---

* 옷차림이나 품행이 성폭행의 원인이라고 비난하는 일(옮긴이 주).

요아킴 브테바엘,
〈신들에게 발각된 마르스와 비너스Mars and Venus Discovered by the Gods〉,
1603년 혹은 1604년경, 동판에 유채.

오티마는 에로스가 아름다움을 찾아 나서도록 자극한 이가 바로 아프로디테라고 주장한다. 욕망은 아름다움을 추구한다(이때 '아름다움'은 어떤 의미라도 될 수 있다). 욕망 덕분에 우리는 세상을 좋게 느끼고, 세상에 살아가는 일을 감사히 여긴다. 욕망은 우리가 행동하고, 존재하며, 생각하도록 자극하는 삶의 원동력이다. 사랑의 핵심은 욕구 충족이 아니라 공생하는 것이다. 지혜롭고 인간다운 마음으로 관계를 맺을 때, 우리는 육체적·지적·사회적·문화적 인간관계에서 크나큰 기쁨을 느끼게 된다.

《향연》에서 에로스는 인간의 동반자이자 '세계의 안내자'로 등장한다. 최근 학자들은 디오티마가 페리클레스의 정부이자 뛰어난 지성을 겸비했던 아스파시아일 것이라고 말한다. 아프로디테의 선물인 에로티시즘과 플라토닉 러브의 본질을 둘러싼 《향연》의 내용들은 특권을 누렸던 남성의 과시적 궤변이 아니라, 여성의 관점을 포함한 남성과 여성의 진솔한 대화였을지도 모른다.

오늘날에도 '믹시스' 여신을 찾아볼 수 있는 고요한 곳이 있다. 아프로디테의 섬 사이프러스에서는 매해 예수의 죽음을 기념하는 성 금요일마다 여자들과 아이들이 꽃으로 상여를 장식한다. 그리스어를 쓰는 이 작은 마을에서 어머니와 할머니들이 모여 꽃을 꺾고 화환을 만들고 담소를 나눈다. 꽃 장식과 화환은 그리스도의 육신을 상징하는 성물을 꾸미는 장식이지만,

이런 전통의 역사는 기독교 이전 세계까지 거슬러 올라간다.

고대 사이프러스 여인들은 해마다 아프로디테의 죽은 연인 아도니스의 형상을 만들어 꽃으로 장식한 널판에 눕혔다. 그리고 너무 이른 죽음을 맞은 젊은이의 시신 주변을 돌며 자신의 가슴을 때리고 상처를 내면서 사랑하는 이의 죽음을 마주한 아프로디테의 반응을 흉내 냈다. 여인들은 아프로디테가 아도니스를 너무도 사랑한 나머지 연인을 꽃으로 부활시켰다는 것을 알고 있었다. 그들도 이 의식을 행해서 같은 결과를 불러일으키려 한 것은 아닐까? 지금도 이 의식에 참여하는 여인들은 아프로디테가 수천 년 동안 돌본 꽃을 사용하고, 아프로디테가 늘 좋아했던 와인을 나눠 마시면서, 연대와 연민, 우정이라는 약으로 사랑의 고통을 달랠 수 있음을 기억한다.

아프로디테가 아레스와 정을 통해 낳은 쌍둥이 형제 데이모스와 포보스는 전쟁의 공포를 상징한다. 하지만 이들은 부정적인 공포가 아니라 공동체의 단결을 통해 적을 두려움에 빠뜨리는 신성한 힘이었다. 어쩌면 아프로디테는 자신을 기리는 인간들에게 파괴하는 욕망이 아니라 단결하는 욕망을 좇으라고, 흩어지지 말고 하나로 뭉치라고 요구하는 것일지도 모른다. 아프로디테는 상처인 동시에 붕대다. 고대 사람들은 욕망을 존중해야 마땅하다는 것을 이해했다. 인간관계는 어떤 종류든 어렵기 마련이다. 선사시대부터 현재까지 인간이 상상해낸 아프로디테의 역사는 우리가 인간의 욕망을 조금이나마 해석하고 이해하도록, 또 욕망에 파멸하지 않고 도리어 우리의 전우로 삼도록 도와준다.

고대 그리스인들의 표현처럼 아프로디테를 만물을 뒤섞는 여신이라고 이야기하는 편이 가장 좋을 것 같다. 아프로디테는 거칠고 일방적이고 편협한 열정이나 야심을 상징하는 신이 아니라, 우리가 주변 세상에 그런 열정을 강요하면 어떤 일이 벌어질지 일깨워주는 중대한 힘을 지닌 신이다. 아프로디테-비너스, 천상의 여신, 파포스의 여왕은 단지 사랑만을 상징하는 화려한 여신이 아니다. 지저분하고 골치 아프고 충동적이고 활기 가득한 인간사의 화신이자, 그런 인간사를 헤쳐나가도록 안내하는 길잡이다.

그대는 위대한 여신 아프로디테가 어떤 존재인지 모르겠는가? 그대는 그 여신이 본디 얼마나 위대한지, 얼마나 위대한 일을 해내는지 말할 수도, 가늠할 수도 없네. 그녀는 그대와 나와 모든 필멸의 존재에게 양분을 주신다네. 그 증거로, 그대는 이 말을 이해할수 있지. 이 세상에 벌어지는 일로 여신의 힘을 보여주겠네.

가뭄이 들어 마르고 척박한 땅에 물이 필요하면 대지는 비를 간절히 바란다네. 다른 한편, 사람들이 추앙하는 하늘에 아프로디테의 욕망 덕분에 비가 가득 차면 빗방울이 땅으로 떨어지지. 땅과 물이 뒤섞여 하나가 되면 우리에게 필요한 모든 것을 만들어내고, 동시에 모든 것을 길러내서 그 덕분에 필멸의 인간이 살아가고 자랄 수 있다네.*

---

* 에우리피데스, 〈단편 898K〉, 제목 미상의 희곡.

틴토레토, 〈비너스와 마르스를 불시에 덮치는
불카누스Mars and Venus Surprised by Vulcan〉, 캔버스에 유채.

감사의 글

지난 몇 년간 수많은 사람들이 아프로디테 연구를 도와주었다. 나보다 앞서 관련 분야를 연구한 학자들과 고고학자들에게 진 빚은 이루 말할 수 없이 크다. 먼저 안드레아스 피타스 박사에게 진심으로 감사드린다. 안드레아스는 내가 아프로디테에게 수십 년간 품어온 열정을 알아봐주었고, 계속해서 아프로디테의 자취를 쫓으라고 부드럽고도 끈질기게 설득했다. 오메르 코치는 내가 경험으로 가득한 여행을 떠나도록 도와주었고, 바다는 오랜 세월에도 변함없이 격동하지만 눈부신 위로를 전해주기도 한다는 사실을 일깨워주었다. 물론 앨런 샘슨과 줄리언 알렉산더에게도 크나큰 빚을 졌다. 이해심 많은 표현력의 귀재인 두 사람은 참을성 있는 데다, 늘 넘치는 재치와 지혜로 자극을 주고, 즐거움을 좇으며 영감을 불러일으킨다.

레반티스 가족과 티티나 이우지데스는 런던에서 아프로디테의 섬으로 떠나는 데 큰 도움을 베풀어주었다. 홀리 할리와 린든 로슨, 해나 콕스, 조 위트퍼드는 아프로디테의 범선을 항구로 잘 몰고 가주었다. 쾰 풀한과 안타깝게도 세상을 뜬 재클린 카라기오르기스, 앙겔로스 델리보리아스는 현명한 조언과 지식을 전해주었다. 너무나 사랑하는 폴 카틀리지도 마찬가지다. 그는 또한 번 자기 자신을 뛰어넘었다. 고마워요, 폴. 팀 위트머시와 버트 스미스는 아프로디테에 관한 의문에 답해줄 때 속도 면에서나 예리함 면에서나 꼭 헤르메스 같았다. 펠튼버그 교수님께서는 2007년에 선사시대의 아프로디테에 관해 가르쳐주셨다. 그분을 잃은 것은 우리에게 크나큰 손실이다.

수많은 동료 학자들은 내가 늦은 밤에 도와달라고 애원해도 매몰차게 거절하지 않았다. 고마운 이들이 많지만, 여기에서는 몇 명만 밝히겠다. 줄리엣 클랙스턴, 케이트 쿠퍼, 어빙 핑클, 토머스 킬리, 피터 피셔, 대니 노버스, 아먼드 당구어, 폴 로버츠, 안토니 마크리노스, 바르바라 그라치오시 모두 고맙다. 메이는 파포스의 바닷가에서 조금 떨며 서 있었고, 소렐은 아주 늦은 밤까지 고대 후기의 흔적을 해독해주었다. 필립 셀러스와 메리 크래니치, 슐라 슈브라마니암, 루스 세션스, 나이젤 가드너, 잭 매키네스, 앨런 힐은 방송 프로그램 〈아프로디테-비너스〉를 만드는 데 도움을 주었다. 이들 덕분에 내가 수년간 조사한 결과를 더 넓은 세상과 공유할 수 있었다. 팀 나이트는 사이프러스 남서부의 바다에서 겨울 조류가 해안을 치면 90도로 솟아오르는 기묘한 물기둥을 포착하느라 뼈가 시릴 만큼 춥고 눈발까지 날리는 12월의 바닷가에 나와 함께 서 있었다. 높이가 3~4m나 되는 짜디짠 물기둥은 아프로디테의 탄생을 지켜보았을지도 모른다.

사랑하는 어머니와 이제는 눈을 감으신 아버지는 조건 없는 사랑의 모범을 보여주셨다. 부모님은 내가 타인의 삶에 매력을 느끼도록 처음 이끌어주신 분이다. 제인은 언제나처럼 이 작업과 우리 모두를 자기 자신보다 중요하게 여겼다. 정말 사랑의 화신이다. 에이드리언 에번스는 지금까지 거의 30년 동안 나의 학문적, 감정적 집착을 견뎌왔다. 언제나 적중하는 유머와 영감을 베풀어주고 늘 곁에 있어줘서 고맙다.

이 책의 첫 교정쇄가 나왔을 때도, 마지막 교정쇄가 나왔을 때도 나는 런던의 한 병원에서 원고를 수정해야 했다. 영국 의료 서비스에 종사하는 모든 직원분께 감사드린다. 그리고 전 세계 어디에 있건 우리가 사랑하는 사람을 돌보는 이들, 또 우리를 사랑하기 때문에 앉아서 기다려주는 사람을 돌보는 이들 모두에게도 감사드린다.

참고문헌

Bailey, A. (2011), *Velázquez and The Surrender of Breda: The Making of a Masterpiece* . New York: Henry Holt and Company.

Beard, M. (2008), *Pompeii: The Life of a Roman Town* . London: Profile Books.

Boatswain, T. (2005), *A Traveller's History of Cyprus* . Gloucestershire: Chastleton Travel/Arris Publishing Ltd.

Breitenberger, B. (2007), *Aphrodite and Eros: The Development of Erotic Mythology in Early Greek Poetry and Cult* . New York: Routledge.

Bull, M. (2006), *The Mirror of the Gods: Classical Mythology in Ancient Art* . London: Penguin Books.

Burke, J. (2018), *The Italian Renaissance Nude* . London and New Haven: Yale University Press.

Campbell, D.A. (ed. and trans.) (2015), *Greek Lyric, Volume III: Stesichorus, Ibycus, Simonides, and Others* . Loeb Classical Library 476. London: W. Heinemann.

Carson, A. (2003), *If Not, Winter: Fragments of Sappho* . London: Virago Press.

Collard, C. and Cropp., M. (eds and trans.) (2014), *Euripides: Fragments* . Loeb Classical Library 506. Cambridge, MA: Harvard University Press.

D-scholia in C. G. Heyne, ed., *Homeri Ilias* (Oxford, 1834).

Dalby, A. (2005), *The Story of Venus*. London: The British Museum Press.

Dalí. S. (2013), trans. H.M. Chevalier, *The Secret Life of Salvador Dalí*. New York: Dover Publications, Inc.

D'Angour, A. (2019), *Socrates in Love: The Making of a Philosopher*. London: Bloomsbury Publishing.

Delcourt, M., trans. J. Nicholson (1961), *Hermaphrodite: Myths and Rites of the Bisexual Figure in Classical Antiquity*. London: Studio Books/ Longacre Press Ltd.

De Shong Meador, B. (2000), *Inanna, Lady of Largest Heart: Poems of the Sumerian High Priestess Enheduanna*. Austin, TX: University of Texas Press.

Empereur, J.-Y. (2000), *A Short Guide to the Græco-Roman Museum, Alexandria*. Alexandria: Harpocrates Publishing.

Evans, M. and Weppelmann, S. (eds) (2016), *Botticelli Reimagined*. London: V&A Publishing.

Evelyn-White, H.G. (trans.) (1914), *Hesiod: Works and Days*. Accessed online 12/04/19: http://www.sacred-texts.com/cla/hesiod/works.htm

Evelyn-White H.G. (2008), The Project Gutenberg EBook of *Hesiod, The Homeric Hymns, and Homerica*, by Homer and Hesiod. Accessed online 12/04/2019: https://www.gutenberg.org/fi les/348/348-h/348-h. htm

Fitton, J. (2002), *Peoples of the Past: Minoans*. London: The British Museum Press.

Fletcher, J. (2008), *Cleopatra the Great*. London: Hodder & Stoughton Ltd.

Freud, S. and Riviere, J. (1930), *Civilization and its Discontents*. London:

Leonard & Virginia Woolf at the Hogarth Press, and the Institute of Psycho-analysis.

Gay, P. (1989), *Freud: A Life for Our Time* . London: Papermac/MacMillan Publishers Ltd.

Goddio, F. and Masson-Berghoff, A. (eds) (2016), *Sunken Cities* . London: Thames & Hudson Ltd, in collaboration with the British Museum.

Godwin, J. (2000), *The Pagan Dream of the Renaissance* . Grand Rapids, MI: Phanes Press, Inc.

Goodison, L. and Morris, C. (eds) (1998), *Ancient Goddesses: The Myths and The Evidence* . London: The British Museum Press.

Graziosi, B. (2013), *The Gods of Olympus: A History.* London: Profile Books.

Grigson, G. (1976), *The Goddess of Love: The Birth, Triumph, Death and Return of Aphrodite* . London: Constable & Co.

Hadjigavriel, L., Hatzaki, M. and Theodotou Anagnostopoulou, D. (eds) (2018), *The Venus Paradox* . Nicosia: A.G. Leventis Gallery.

Hall, E. and Wyles, R. (eds) (2008), *New Directions in Ancient Pantomime* . Oxford: Oxford University Press.

Hanson, J. A. (ed. and trans.) (1989), *Apuleius: Metamorphoses* . Cambridge, MA: Harvard University Press.

Henderson, J. (ed. and trans.) (2007), *Aristophanes V: Fragments* . Cambridge, MA: Harvard University Press.

Hunter, R. L. and Hunter, R. (2004) *Plato's Symposium* . Oxford: Oxford University Press.

Jacob, C. and De Polignac, F. (eds) (2000), *Alexandria, Third Century BC: The Knowledge of the World in a Single City* . Alexandria: Harpocrates Publishing.

Jenkins, I., with Farge, C. and Turner, V. (2015), *Defining Beauty: The Body in Ancient Greek Art* . London: The British Museum Press.

Jones, W.H.S. (trans.) (1918), *Pausanias. Description of Greece, Volume I: Books 1–2 (Attica and Corinth)* . Loeb Classical Library 93. Cambridge, MA: Harvard University Press.

Karageorghis, J. (2005), *Kypris: The Aphrodite of Cyprus: Ancient Sources and Archaelogical Evidence* . Nicosia: A.G. Leventis Foundation.

Latham, R.E. (trans.) (1994), *Lucretius: On the Nature of the Universe* . London: Penguin Books.

Lloyd-Jones, H. (ed. and trans.) (2014), *Sophocles: Fragments* . Loeb Classical Library 483. Cambridge, MA: Harvard University Press.

Lombardo, S. (trans.) (2000), *Homer: Odyssey* . Indianapolis: Hackett Publishing Company.

— (2005), *Aeneid: Virgil* . Indianapolis: Hackett Publishing Company.

MacLeod, R. (ed.) (2001), *The Library of Alexandria: Centre of Learning in the Ancient World* . New York/London: I.B. Tauris & Co. Ltd.

Mair, A.W. (trans.) (1928), *Oppian. Colluthus. Tryphiodorus* . Loeb Classical Library 219. London: William Heinemann.

Mitchell Havelock, C. (2010), *The Aphrodite of Knidos and Her Successors: A Historical Review of the Female Nude in Greek Art* . Ann Arbor, MI: University of Michigan Press.

Nixey, C. (2017), *The Darkening Age* . London: Macmillan.

Paton. W.R. (trans.), Tueller, M.A (rev.) (2014), *The Greek Anthology, Volume 1: Book 1: Christian Epigrams. Book 2: Christodorus of Thebes in Egypt. Book 3: The Cyzicene Epigrams. Book 4: The Proems of the Different Anthologies. Book 5: The Amatory Epigrams. Book 6: The Dedicatory*

Epigrams . Cambridge, MA: Harvard University Press.

Pekin A. K. and Kangal, S. (eds) (2007), *Istanbul: 8000 Years Brought to Daylight: Marmaray, Metro, Sultanahmet Excavations* . Istanbul: Vehbi Koç Foundation.

Rackham, H. (trans.) (1933), *Cicero: De Natura Deorum* . Loeb Classical Library. Cambridge, MA: Harvard University Press.

Rayor, D. (2016), 'Reimagining the Fragments of Sappho through Translation'. In *Reimagining the Fragments of Sappho through Translation* . Leiden, The Netherlands: Brill.

Roberts, P. (2013), *Life and Death in Pompeii and Herculaneum* . London: The British Museum Press.

Rowlandson, J. (ed.) (1998), *Women and Society in Greek and Roman Egypt: A Sourcebook* . Cambridge: Cambridge University Press.

Selover, S.L. (2015), 'Excavating War: The Archaeology of Conflict in Early Chalcolithic to Early Bronze III Central and South-eastern Anatolia'. PhD thesis, University of Chicago, Illinois.

Severis, D.C. (2001), *Cypriot Art: From the Costakis and Leto Severis Collection* . Cambridge: The Fitzwilliam Museum.

Shabti, A. (trans.) (1978), Ibykos' works in The Israel Museum Catalogue *Aphrodite* No. 184, Jerusalem: Central Press.

Shakespeare, W., ed. M. Hattaway (2009), *As You Like It* . *The New Cambridge Shakespeare.* Cambridge: Cambridge University Press.

— (1998) *A Midsummer Night's Dream* . New York: Signet Classic.

— Spencer, T.J.B. (ed.) (1967), *Romeo and Juliet. The New Penguin Shakespeare* . London: Penguin.

Showerman, G. (trans.) (1914), *Ovid: Heroides. Amores* . Revised by G. P.

Goold. Loeb Classical Library. Cambridge, MA: Harvard University Press.

Skinner, M.B. (2005), *Sexuality in Greek and Roman Culture* . Malden, MA/ London/Victoria: Blackwell Publishing Ltd.

Smith, A.C. and Pickup, S. (eds) (2010), *Brill's Companion to Aphrodite* . Leiden: Brill.

Stampolides, N.C. and Parlama, L. (eds) (2000), *Athens: The City Beneath the City: Antiquities from the Metropolitan Railway Excavations* . Athens: Kapon Editions, with the Greek Ministry of Culture, N.P. Goulandris Foundation and the Museum of Cycladic Art.

Sugimoto, D.T. (ed.) (2014), *Transformation of a Goddess: Ishtar – Astarte – Aphrodite* : (Orbis Biblicus Et Orientalis). Germany: Academic Press, Fribourg Vandenhoeck & Ruprecht, Göttingen.

Taylor, T. (1792), *The Hymns of Orpheus* . Accessed online 11/04/2019: https://www.sacred-texts.com/cla/hoo/index.htm

Thornton, B.S. (1997), *Eros: The Myth of Ancient Greek Sexuality* . Boulder, CO: Westview Press.

Usener, H. (1907), *Der Heilige Tychon* . Leipzig: Teubner.

Vellacott, P. (1953), *Euripides: Alcestis and Other Plays* . London: Penguin Group.

von Sacher-Masoch, L., trans. F. Savage (2018), *Venus in Furs* (illustrated). Clap Publishing.

Vout, C. (2018), *Classical Art: A Life History from Antiquity to the Present* . Princeton and Oxford: Princeton University Press.

Ward, J. and Frances Jones, E. (eds), trans E.G.Schreiber and T.E. Maresca (1977), *The Commentary on the First Six Books of the Aeneid of Vergil*

Commonly Attributed to Bernardus Silvestris . Lincoln, NE: University of Nebraska Press.

West, M.L. (trans.) (1993), *Greek Lyric Poetry* . Oxford: Oxford University Press.

Wilkinson. P. (2017), *Pompeii: An Archaeological Guide* . New York/London: I.B. Tauris & Co. Ltd.

Wolkstein, D. and Kramer, S.N. (1983), *Inanna, Queen of Heaven and Earth: Her Stories and Hymns from Sumer* . New York: Harper & Row.

도판 출처

Photo:Sergey Sosnovskiy(CC BY-SA 4.0))

195쪽 '리비아 비너스'(Tofoto/Punch)

213쪽 요아킴 브테바엘, 〈신들에게 발각된 마르스와 비너스〉, 개인 소장(Alamy/classicpaintings)

218쪽 틴토레토, 〈비너스와 마르스를 불시에 덮치는 불카누스〉, 독일 뮌헨 알테 피나코테크 소장(Alamy/classicpaintings)

여신의 역사

비너스, 미와 사랑 그리고 욕망으로 세상을 지배하다

초판 1쇄 발행 2021년 8월 5일

지은이 베터니 휴즈
옮긴이 성소희
펴낸이 성의현
펴낸곳 (주)미래의창

편집주간 김성옥
책임편집 최소혜
디자인 공미향
홍보 및 마케팅 연상희 · 김지훈 · 김다울 · 이보경

출판 신고 2019년 10월 28일 제2019-000291호
주소 서울시 마포구 잔다리로 62-1 미래의창빌딩(서교동 376-15, 5층)
전화 070-8693-1719 **팩스** 0507-1301-1585
홈페이지 miraebook.co.kr
ISBN 979-11-91464-40-5 (03900)

생각이 글이 되고, 글이 책이 되는 놀라운 경험. 미래의창과 함께라면 가능합니다. 책을 통해
여러분의 생각과 아이디어를 더 많은 사람들과 공유하시기 바랍니다.
투고메일 togo@miraebook.co.kr (홈페이지와 블로그에서 양식을 다운로드하세요)
제휴 및 기타 문의 ask@miraebook.co.kr